Alessio Faedi

Quella Via

L'edicolante

"Bisogna essere molto forti
per amare la solitudine;"
Pier Paolo Pasolini

La casa romita

Iulei viveva nella casa dei suoi genitori da dieci anni, da solo. Era di sua proprietà. Loro non c'erano più, erano morti ricchi e giovani lasciandogli casa e soldi in eredità. Non aveva più parenti, figli, mogli o fidanzate. C'erano solo lui, casa sua, il suo impiego. Gestiva l'edicola che stava subito di sotto, letteralmente casa-bottega. Almeno lo distraeva dall'alcol e dagli eccessi di qualunque genere, ai quali era molto avvezzo: donne, vino, fumo, insulti, soldi.

L'edicola era l'incarnazione di tutto ciò che odiava del mondo in cui viveva. Finti intellettuali compravano da lui giornali o libri, vecchie zitelle gli riempivano la testa con aneddoti dei figli ormai cresciuti o nipoti di amiche o di ex mariti che, sia ben chiaro, se adesso non sono sposate un motivo c'è. Il motivo, però, solo loro lo sapevano.

Cercava di passare con leggerezza le giornate, come un signore, comportandosi in modo gentile dinanzi a quelle nefandezze e inutilità di tutti i giorni, ne aveva la testa piena ma comunque dava loro corda, atteggiandosi tutto servizievole ed elegante, tutto apparecchiato, come un tipo a modo che svolge la propria mansione e mantiene la famiglia. Gli piaceva, quella fatuità era la sua rovina ma non voleva farne a meno. Era circondato dall'eccesso, dal troppo, come tutti, ma a modo suo. E spesso si lasciava sovrastare da quel troppo, nel corso di quelle giornate tutte uguali tra loro.

Fuori dal proprio cubo la giornata era sorridente e splendente, l'aria autunnale rinfrescava gli innumerevoli volti accaldati e scottati dal sole. Un sacco di gente era a passeggio, erano usciti dal loro tugurio che chiamano casa solo per la presenza del raggiante astro, come lucertole. Tutti volevano quel sole, lo anelavano in modo eccessivo. Come con tutto, del resto.

Un ragazzo gli si palesò davanti. Una checca, con i capelli ad ananas tinti di rosa e il volto glabro e lucente. Lo fissò dolcemente da dietro un paio di occhiali con una montatura eccessivamente appariscente e grande.

«Salve, posso per caso esserle d'aiuto?» ecco la solita solfa, la solita cantilena, quella che usava da sempre come una radio rotta.

Il tale rispose di star cercando l'ennesima rivista di gossip inutile e appena uscita. Carta stampata con dentro il nulla ma che tutti vogliono avere tra le mani, che ti parla della vita di celebrità che la loro vita l'hanno inventata apposta per farti comprare riviste come quella, con all'interno la solita pagina che puntualmente tutti ignorano dedicata all'ambiente e all'impatto che l'inquinamento ha sul pianeta. Ti consigliano di limitare gli sprechi e di utilizzare meno carta e plastica possibile nel tuo privato, e per dirtelo ti stampano una rivista plastificata che attiri la tua attenzione, utile neppure per farci defecare il cane sopra.

    Porse la rivista e il resto ben contato alla checca, che per ricambiare gli fece l'occhiolino e gli accarezzò delicatamente la mano mentre prendeva i soldi, e poi se ne andò sculettando. Iulei si sentì confuso, uscì dalla porticina dietro di sé per andare sul retro, voleva farsi una sigaretta. Ne aveva bisogno, diamine. Aveva mandato a casa un altro cliente con sottobraccio la solita razione di gossip quotidiano di cui non poteva fare a meno. Capace di studiare minuziosamente le vite dei famosissimi pur di avere argomentazioni da tirar fuori con gli amici, pronti a criticare, commentare, ridere. Come se le loro vite non fossero già comiche abbastanza.

    La sigaretta giungeva lentamente al filtro, *Marlboro*, grazie a Dio esisti. Si ricordò di quand'era bambino, di quando nascondeva i pacchetti a suo padre. Certo che le cose cambiano.

    Sul retro dell'edicola c'erano esposte le riviste osè, per tutta la parete. Ne smicciava ogni volta le copertine, mentre fumava. Si domandava se qualcuno oltre a lui le guardasse ancora, con l'avvento di internet. E ogni volta, puntualmente, giungeva un pippelletto al primo pelo che furtivamente si smicciava le riviste con gli amichetti e si davano il gomito nelle costole a vicenda, o qualche vecchio che le commentava in tono mascolino con un compare accanto. Presto o tardi i primi scopriranno internet e i secondi saranno polvere. Più nessuno le guarderà.

    Schiacciò il mozzicone di sigaretta sopra il mattone del bidone e la gettò dentro con una schicchera. Infilò il pacchetto nella tasca posteriore dei pantaloni neri e tornò dentro la sua bara quadrata ricca di colori e carta stampata.

Poche ore e posso chiudere, pensò. Non sopporto più questi lettori della domenica e vecchie nullafacenti pronte a raccontare la loro vita al primo che capita. Guardò le pubblicità presenti nelle riviste che vendeva, quei volti sorridenti e finti, decadenti e fatiscenti, sinonimo del baratro in cui stiamo affondando, saturi di slogan studiati per invadere le tue orecchie come l'acufene. Insulsi. Leggendoli sorrise, pensando che c'era gente che studiava per creare certi slogan. Che lavoro insulso, create fastidi alle orecchie e dolori alle tempie. I creativi, chi gioca con le parole o chi le ama. Questi vengono assunti per le loro abilità e poi finiscono per annichilirsi e crepare all'interno di quelle fabbriche di slogan, fabbriche di soldi.

Un ragazzetto col berretto a visiera si mise a capo chino davanti all'espositore di albi di supereroi, smicciando scrupolosamente le copertine lucide e colorate una ad una. Iulei lasciò che guardasse indisturbato, osservandolo di tanto in tanto di sguincio per avere la certezza che non si dimostrasse un farabutto con la mano lunga pronto alla fuga. Un vecchio grassone gli si piantò davanti alla finestra dell'edicola, adombrando parzialmente l'interno con la propria massa.

«Salve, posso esserle utile?»

«Salve a lei, buon uomo! Che ce l'ha il giornale di oggi?» lo guardò con degli occhi tondi tondi e piccoli e con il sigaro marrone in bocca penzolante che si consumava piano piano.

Eccone un'altro che voleva aggiornarsi sulle notizie del giorno per poi parlarne con gli altri vecchi al bar. Come la checca di prima. A cambiare erano solo le notizie che intavolavano.

Lo fissò dritto negli occhi. «Ma certo.» disse, sfoggiando il proprio sorriso fasullo, molto simile a quello delle pubblicità nelle riviste.

Il ragazzetto timido guardò il tale da sotto la visiera del berretto, in tralice. Per timidezza si scostò, allontanandosi un pelo da lui, aveva un albo lucido in mano.

«Ecco qui a lei, e buona giornata.» disse Iulei, porgendo il giornale.

Il vecchio pagò uno e sessanta, ricambiò il sorriso e se la filò col giornale sottobraccio. Un'altro incasso andato, l'orologio della farmacia lì davanti segnava le cinque. Ancora poco.

Il ragazzetto timido comprò un albo degli ultimi usciti. Uno dei soliti da dieci pagine e senza uno straccio di trama, utile solo a vendere e far girare i soldi alle grandi case editrici capitaliste fondate sul tanto amato dio denaro.

«Mhh, ottima scelta.» disse, animosamente. «Fa quattro e ottantanove.»

Contò gli spicci di resto da dargli, alleggerendo le tasche da tutta quella ferraglia. Il ragazzetto prese il resto in punta di piedi e con il braccio teso verso l'edicolante. Poi fuggì. Lo guardò volare via su quelle gambe corte e vogliose di scoprire, poi porse lo sguardo davanti a sé, guardando il bar *Discordia,* che stava accanto alla farmacia. Quel bar aveva aperto da solo un paio di anni e si era già creato la propria clientela di gente spocchiosa e ignorante ma piena di soldi. Un giovane uscì dalla porta scorrevole, aveva gli occhiali da sole e i capelli ben pettinati e laccati. Un drappello di anime giovani come lui incombeva alle sue spalle. Pacche sul culo e profumo percepibile fino al lato opposto della strada, gel tra i capelli unti e scarpe troppo grandi e colorate ai piedi. La generazione del colore, più ne indossi più appari come eccentrico ed estroverso. "L'abito non fa il monaco." Ma non per loro, per loro l'abito faceva il monaco eccome. Farneticavano l'un l'altro mentre si accingevano a sedersi ad un tavolino lì davanti, sotto il sole cocente. Li ascoltò farsi vanto dei soldi spesi e degli oggetti che avevano, delle macchine costose e dei ristoranti frequentati. Ridicoli, inutile voglia di mostrarsi, di apparire. Vite vuote.

Il suono di una goccia che s'infrange nell'acqua prese la sua attenzione. Si girò verso quel suono. Una bella rossa col capo chino intenta a smanettare col cellulare, una notifica. Una voce squillante uscì dall'alto parlante di quella trappola metallica, lei ascoltava tenendo in mano l'apparecchio e senza proferir parola alcuna, affetta da mutismo selettivo davanti a quella voce che le parlava dello smalto alle unghie che aveva messo quella stessa mattina e del moroso che, infame, l'aveva lasciata.

«Non sa cosa si perde, quello! Non la rimpiazzi una *Porsche* con una *Panda*.» squillò la rossa.

Convinta lei, pensò il nostro.

Quella proseguì la sua passeggiata camminando come uno zombie, alternando fasi da capo chinato e mani altezza sterno con fasi in cui il cellulare lo teneva in mano per ascoltare le voci. Due motorini con la marmitta truccata, troppo rumorosa e con l'adesivo *"VITA DA TUNERRR"* in bella vista su un lato della carrozzeria passarono lì davanti, sovrastando di volume la voce squillante che ancora aleggiava nell'aria. Il nostro si tappò le orecchie, quell'orrido baccano peggiorava il suo mal di testa. Troppo, è sempre tutto troppo. Siamo schiavi dell'eccesso, del troppo, i soldi sono Dio e il troppo portato all'ennesima potenza è politica. Voleva fuggire, il rumore dei motorini invadeva la sua testa, vibrava e riempiva le sue orecchie. Non c'era più nulla, in quel momento, oltre a lui e il rumore che l'avvolgeva. Ebbe l'impulso di urlare per zittire i rumori, per farsi notare. Mise le mani sulle orecchie per proteggersi dal suo oppressore. Invano, lì rimase finché quelli non furono lontani. Prese la pastiglia per il mal di testa, la ingurgitò alla svelta, senz'acqua. Ne abusava, lo sapeva, ma quelle lo aiutavano. Era schiavo dell'eccesso anche lui, a modo suo. Il gruppo del bar aveva ora i drink, del colore del sangue e il cielo si imbruniva, il sole calava. Quelli spostavano le sedie attaccate al loro culo per prendere fino agli ultimi lembi di raggi solari. Il freddo autunnale si sente senza il calore del sole sopra la testa. Due vecchi intanto si erano messi a discutere davanti all'edicola. Uno austero e sicuro di sé, l'altro sulle sue e silenzioso, uno di quelli che conforma il proprio pensiero in base alla persona che ha davanti a sé, non avendo mai un vera opinione propria. Proprio l'ottimo ascoltatore per un logorroico senza tregue.

«Vedi i rincari? Tu quanto hai pagato questo mese? Io troppo, il doppio. Ma che dico il doppio? Il triplo in confronto all'anno scorso. È questa dannata guerra! La gente muore e *io* devo pagare per loro! Siamo scemi noi, te lo dico io. Non vedi gli altri paesi? Valà che loro sono molto meglio!»

Gli altri paesi, agli occhi di chi non ci vive, sono sempre meglio, pensò l'edicolante.

L'altro non rispondeva, dunque l'austero continuò. «Buttasse le bombe e al diavolo tutto. Sai quanta roba ci risparmieremmo? Neanche a dirlo.» non stava ad aspettare neppure una risposta alle sue domande da parte del compare, le poneva e si rispondeva da sé.

«Il peggio sta là dove non ce lo mostrano, hanno degli interessi quelli che presto verranno fuori, te lo dico io! Tutto intorno ai soldi gira, e ce li rubano da sotto il naso e noi non facciamo nulla, ti rendi conto? Siamo invorniti, dico io. Uscissimo da questo dannato stupido e oppressore paese. Bah! Neanche a dirlo, compa', neanche a dirlo!» Lasciò un attimo di silenzio, per creare il giusto pathos, poi riprese, avvicinandosi al silente naso a naso e con un dito rivolto al suo mento. «Una grande bufera sta per giungere, e sarà gente come me e te, armati di verità, che si salverà. Tu sei salvo, ma chissà chi altri oltre a noi.»

Il taciturno prese finalmente parola, dicendo: «è tutta una montatura! E tu ci stai pure a crede' così tanto. È il nuovo ordine mondiale, instillano paura e povertà per prendere il controllo. E ce la stanno a fa' anche bene, fidati a me che le cose io le vedo.»

«Hai ragione, mio caro. Ad esempio... io non sono fascista, sia ben chiaro. Ma quando c'era lui! Le pensioni, l'istruzione, i treni!»

Il compare stava per rispondere tirando fuori qualche altra argomentazione retrograda e insensata, ma Iulei non sentì, per sua fortuna. Le loro voci si persero nell'etere nel momento in cui una morettina dalle labbra rifatte andò lui incontro, con gli occhi incollati sul cellulare.

«Ciao!» disse quella, «fai ricariche telefoniche? Mi serve da venti, grazie.»

I due vecchi piantarono di sguincio lo sguardo sul didietro della ragazza, quello chiacchierone si passò il dorso della mano sulla fronte, come fosse tanto sudata per la semplice vista di un culo. Filarono via dopo un paio di commenti mascolini detti alla svelta e a denti stretti tra di loro.

«No, mi spiace. Vendo fumetti, riviste e giornali. Posso esserle utile in uno di questi campi?»

«Uffa!» esclamò botulino, guardando il nostro con gli occhi bruni e grandi e le plasticose labbra imbronciate «come faccio ad aggiornare le mie amiche se non ho un misero soldo nel cell?»

«Puoi provare al tabacchi poco più avanti.» glielo indicò. Lei guardò prima l'indice e poi la direzione.

«Ah sì? Grazie grazie grazie!» e sparì laddove il dito aveva indicato la via.

«Figurati.» rispose Iulei, guardandola svanire lontano da lui, come tutte le donne della sua vita.

Si trovò nuovamente solo con i suoi giornali. La comitiva di ragazzi al *Discordia* si era raggruppata e stretta per fare in modo di rientrare tutti nel cono dell'ottica del cellulare che quello di loro col braccio più lungo teneva in mano e proteso verso l'alto, con gli altri ammassati e stretti dietro. Visti da lontano pareva mimassero *La zattera della Medusa*. Tutti tremendamente belli, sorridenti, affabili e contenti.

Posa, sorriso, scatto.

Testa china e volto serio, pollici lesti pronti a condividere quel momento simulacro della felicità con i loro amati seguaci. Il ghiaccio nei drink si era ormai sciolto. Bah! Sarà vita questa. Condividere ogni secondo della propria vita, mostrare quanto si è felici e contenti col vizio di apparire tutti uguali e consunti dalla banalità che vivono dietro quei cellulari. Iulei non ce l'aveva più, un cellulare. L'aveva buttato tempo addietro. Di gente da contattare con estrema urgenza non ne aveva e ciò che aveva visto al suo interno lo aveva portato a inorridire sempre di più, nonostante avesse vissuto un periodo in cui non era riuscito a fare a meno di quello schifo. Lo buttò con enorme contentezza sul viso. Aveva ecceduto anche in quella trappola. Come in tutto, d'altronde. Come tutti.

Le campane della torre campanaria della chiesa emisero ritmicamente i propri colpi. La sua testa rimbombò a pari passo, allo stesso ritmo che conosceva a memoria, come una cantilena senza tregua. Il canto delle campane riempì le strade almeno quanto riempiva la testa del nostro, vittima di tal baccano, annunciando il sopraggiungere della sera a chi non aveva gli occhi per vedere che sopra la propria testa l'alto cielo si scuriva a vista d'occhio. Grazie alla fede anche i ciechi sanno quando fa buio. Rischiando di perdere pure l'udito, certo, ma almeno possono sapere l'ora, ogni quindici minuti. Il baccano squillante svanì. Il silenzio tanto amato diventò nuovamente padrone. Ancora poco e avrebbe chiuso.

Il gruppetto del *Discordia* se n'era andato, lasciando alle loro spalle cartine, mozziconi, bicchieri unti a causa di dita bisunte di olio di frittura dei *finger food*, e altra roba da pulire sparsa in giro sotto le sedie e il tavolo, che la barista era uscita per ripulire. Spazzava al freddo, senza giacca. Addosso solo la divisa di servizio, una ciocca di capelli rossa ramata le cadde davanti al viso, sobbalzando ad ogni colpo di scopa. Ingiusta, la vita di chi lavora per gli altri, perennemente costretto a subirsi tutto il disrispetto che la gente è capace di tirar fuori per sentirsi meno inetta.

Iulei schernì il gruppo di ragazzi: buoni i drink corretti ghiaccio sciolto, eh?, pensò sorridendo.

Il sorriso svanì in poco: gli tornò in mente tutta la roba che doveva per forza pagare. Come l'affitto dell'edicola. Paradossale, quel cubo metallico si trovava esattamente sotto casa sua eppure doveva pagare, era praticamente nella sua proprietà, se avesse creato un buco nella parete alla sua sinistra, tra tutte quelle riviste, avrebbe visto il proprio giardino. Certo, avrebbe potuto aprire un mutuo per comprarla, così sarebbe crepato nella propria proprietà, ma a che scopo? Nessuno l'avrebbe presa in eredità dopo di lui. Sarebbe divenuta un'altra roba da pagare finché viveva, utile per farsi ancora più servo dei soldi. Non ne valeva la pena, per nulla al mondo si sarebbe sottomesso ancora di più. Dannato denaro.

Un barbone, lì davanti, faceva, arrendevole, l'elemosina. La gente lo evitava, camminando dritto per la propria via senza l'intenzione di guardarsi indietro. Lo invidiò. Fare quel genere di vita ti porta ad avere un unico pensiero: il cibo. Al cibo trovi rimedio, alla trappola dei soldi, delle tasse e delle proprietà, non trovi più tregua. In quest'epoca senza cibo si vive ma senza soldi no. Ormai ripudiava la vita che stava vivendo. Soldi, soldi e soldi. Con i soldi potevi vivere, senza no. Paghi il solo fatto di esser vivo. Mentre lui voleva solo vivere la sua vita, rischiare, avere un altro Dio al di fuori dello sporco denaro.

Ora i soldi sono il mio carnefice e quest'edicola è la mia tomba, casa mia la rappresentazione monumentale delle mie dipendenze., pensò.

Il barbone si sedette delicatamente a terra, con la schiena appoggiata ad un freddo lampione. Un cappellino capovolto si trovava davanti ai suoi piedi. Iulei lo guardò bene in volto, era stanco e assonnato ma comunque più vivo di chi gli camminava sveltamente attorno. Lo guardò negli occhi bianchi e capì che era cieco.

Prese in mano il giornale: guerra, fame, povertà.

Già in seconda pagina deviavano gli argomenti, dimentichi della decadenza di tutti i giorni, parlando dello scoop *INCREDIBILE, DA NON CREDERE,* del momento. In terza si recensiva l'uscita di un film d'amore scadente che veniva acclamato. Le restanti non le sfogliò neanche, erano tutte uguali. Lasciò il giornale in cima alla fila delle decine degli altri giornali del giorno rimasti invenduti. Ne avrebbe dovuti riconsegnare indietro molti anche oggi, di giornali, e ogni giorno la quantità di quelli che vendeva era sempre meno, e quelli che non vendeva erano sempre di più. Le notizie le trovi online, ormai, il cartaceo è passato, se non per qualche ultimo pioniere. Alzò lo sguardo, guardando l'esterno davanti a lui ancora una volta. Non vide facce, ma capi chini con volti illuminati da luce artificiale. Il buio era giunto ed ora a sottomettere l'oscurità c'erano solo i luminosi e rumorosi cellulari. I pollici opponibili svelti sullo schermo, *tap tap tap.*

Un ultimo cliente volle rendersi partecipe nella giornata di Iulei. Si poteva sentire la telecronaca della partita di calcio fuoriuscire dal suo orecchio, con tanto di urli. Aveva una cuffietta bianca piccola piccola ficcata nella conca, pareva una cimice. Era un ragazzetto ed era giovane, non più di sedici, aveva gli occhiali da sole nonostante il buio. Pareva una mosca, erano enormi.

«Hai *Twilight*?»

«Salve, sì. Cerchi il libro o il film?»

«Il libro? Ah-ah no, no, non fare scherzi! Ovviamente il film che devo guardarlo con la tipa, mica ho tempo da perdere sui libri.»

Ce l'aveva, il film. Il ragazzetto doveva ritenersi fortunato, gli era arrivato correlato ad una collana. Ebbe l'impulso di dirgli che non ce l'aveva. Ma riuscì a calmarsi e a comportarsi come suo solito. «Il film dunque. Sì, ce l'ho. Ecco a lei.»

Quello ancora rideva, continuando a pensare al libro. Roba da matti! Eh? Il libro! Non è mica tipo che perde tempo sui libri lui. E si vedeva. Più facile il film, che riassume il più possibile e si mostra al pubblico più colorato ed eccessivamente infantile, ottimo per il grande pubblico annoiato e frettoloso. Si salutarono. Ora basta clienti, non poteva reggerne altri, aveva un limite di sopportazione alle cazzate, e quel giorno di poco non lo superava. Meglio non rischiare ancora.

Le campane vibrarono ancora, per indicare che era giunta la sera. Ora Iulei poteva chiudere, era un po' il suo avviso. Bramava di potersi rintanare in casa lontano dai doveri sociali ed economici di tutti i giorni. La sua ansia sociale ne giovava, la sua rabbia per la società poteva dileguarsi. Perlomeno là dentro nessuno gli avrebbe infranto i timpani.

Si mise con noncuranza e svogliatezza l'incasso della giornata nella tasca posteriore dei pantaloni neri. Poco, come al solito, ma abbastanza per pagare il pagabile e vivere di stenti, come piaceva a lui. Aveva smesso di contare centesimo per centesimo i suoi risparmi e i vari incassi, non gli importava più. Detestava il denaro e ignorandolo sentiva che avrebbe corroborato il proprio odio. Chiuse la saracinesca sferragliante e uscì dalla porticina sul retro, scansò gli innumerevoli mozziconi abbandonati da lui con una pedata e fece il giro dell'edicola. Si trovò direttamente davanti a casa sua. Ravanò nelle tasche, e tra accendini, scontrini vecchi e soldi stropicciati trovò le chiavi per aprire il cancello. Oltrepassò il nudo giardinetto e infilò la chiave nella toppa del portone. Era dentro al

vestibolo, ed era orbo. Tastò il freddo muro rugoso in cerca dell'interruttore, dopo qualche tentativo lo trovò.
Click.
Buio.
Click. Click, click.
Ancora buio. La luce non voleva saperne di funzionare. Pestò qualcosa, guardò in basso. Vide, una volta che gli occhi si erano abituati, il pavimento pieno di posta che come sempre gettava lì dopo averla presa dalla buchetta fuori. Bollette non pagate, per lo più. Questo gli ricordò di non aver pagato neppure questo mese, tardava sempre. A volte per settimane intere. Si rassegnò all'idea di dover affrontare la scalinata a luce spenta per l'ennesima volta.

Pagherò domani, disse a voce bassa e con rammarico.

Procrastinatore del cazzo, disse una voce nella sua mente.

Salì a tentoni i ripidi gradini di legno, tenendosi con ambedue le mani ben saldo al corrimano alla sua destra mentre arrancava in quella salita tortuosa e cigolante. Avrebbe potuto risparmiarsi quella scalata buia, avrebbe potuto pagare e accendersi ogni giorno la luce, per combattere quel buio e vedere dove metteva i piedi. Ma a che scopo? Pagando puntualmente era convinto che avrebbe solo corroborato il proprio schiavismo. Piuttosto preferiva rischiare la vita.

Se mi spezzassi il collo ora quando si accorgerebbero della mia assenza?, si chiese.

Probabilmente quando mi sarò ormai tramutato in un mucchietto di ossa indistinte, si rispose.

Giunse all'apice della scala incolume, e si trovò nel lungo corridoio intriso dalla puzza di cibo andato a male. Accese una candela presa dal mobile in mogano lì accanto, messo apposta per questi casi. Ordinaria amministrazione. Alla sua sinistra aveva l'ampio soggiorno, oltre una grande apertura ad arco, abbellito da un camino in mattoni vecchio e umido, una poltrona logora, un tavolino con sopra la sua consumata scacchiera con una partita in corso e dei quadri che Iulei aveva coperto con dei grossi teli neri. Qualche vecchio mobilio copriva parzialmente le pareti ingiallite dal fumo. Le tapparelle alle finestre erano tutte saldamente e meticolosamente sbarrate da tempo immemore, impedendo così al bagliore della luna o alla luce dei lampioni di penetrare quel buio maleodorante. La luce del sole non riscaldava quel luogo oscuro da troppo tempo, ormai.

La sala da pranzo si trovava sulla destra, con un lungo tavolo in legno massello a dominarla per intero. C'erano mobili alle pareti riempiti da bottiglie di pregiato rosso invecchiato con l'etichetta sbiadita dal tempo. In fondo alla sala da pranzo si trovava la cucina ad angolo cottura. La puzza veniva da là. Era lurida, abbandonata, con il lavandino in inox malandato e sporco, pieno di piatti incrostati da lavare sovrastati da svariate mosche che seguivano il loro piano di volo perfettamente geometrico, ronzando nel silenzio. La tapparella della finestra era anche lì sbarrata, nonostante quella malandata cucina necessitasse di un po' d'aria fresca più che mai. Ma le veniva negata, lasciandola a soffocare nella sua fatiscenza maleodorante. Erano inoltre disponibili due camere degli ospiti mai usate da quando in quella casa c'era solo lui, la sua camera da letto, e un ufficio che non usava dall'ultimo libro che aveva scritto e che aveva ritenuto veramente orribile. Quella casa era molto grande, per una persona sola. Soprattutto considerando che Iulei se ne stava solamente in soggiorno, quando non era a lavoro a sorridere per finta ai clienti.

Il nostro deambulatore del buio si recò alla poltrona, la candela come lume di speranza che sferzava il buio. Si piazzò sul suo giaciglio beige e logoro, si versò il liquido rosso nel calice e contemplò la scacchiera con la coppa in una mano e una sigaretta nell'altra, una tenue nebbiolina invadeva la stanza. Stava intrattenendo una partita con un avversario temibile, che conosceva molto bene. Ogni mossa era per lui una sorpresa, che nascondeva sempre una tattica. E se lui riusciva a vedere tre mosse più avanti l'altro ne vedeva fino a quattro. Quello era posizionale ed avaro di materiale mentre lui più spontaneo e precipitoso. Quello aveva arroccato, mettendo il Re al sicuro a bordo scacchiera. Lui ancora si trovava col Re al centro, cosa che più avanti, in partita, avrebbe potuto portargli molti problemi.

Doveva dunque scegliere: arroccare lato Regina e giocare il resto della partita con arrocchi contrapposti oppure arroccare come il suo avversario, lato Re, e mettersi subito al sicuro? Dopo ore avvolto nel fumo e nella contemplazione, con il posacenere di vetro saturo di cicche e grigia cenere che ancora fumava in alto verso il soffitto che di fumo ne aveva sopportato fin troppo, la vista si fece offuscata, i muscoli intorpiditi, la presa alla mano meno salda.

Una rottura avvenne al suolo, il pavimento in parquet si fece rosso rubino intenso andando a formare l'ennesima macchia che il legno assorbirà come tutte le altre. In scacchiera, dentro quella guerra, il Re era rimasto al centro, non si era arroccato. Solo un pedone centrale si era mosso in avanti.

Chissà se l'indomani Iulei avrebbe ricordato il piano dietro quella scelta. Muovere un pedone significa non poter più tornare indietro, significa indebolire le caselle che prima controllava. Era una scelta con un peso e delle conseguenze, quella. Come tutte le scelte, così negli scacchi come nella vita.

Dal rintocco d'argento a quello di ferro

Ah, gli scacchi! Che gioco. Ma che dico gioco? Sport! Ok, non grondi sudore durante una partita e la maggior parte del tempo te lo passi seduto, tranne in quei casi in cui hai bisogno di stirare le gambe. Ma ad ogni modo richiede allenamento, tattica, schemi, concentrazione e molto molto studio. E c'è pure chi ci vive, con gli scacchi, chi guadagna grazie ad essi e si paga da mangiare. E guadagna anche molto, forse meno del calcio, o pari. Non so, indubbiamente gli scacchi richiedono più logica e pazienza. Be', il denaro è ovunque, ha preso ogni sfumatura delle nostre vite, ormai. Senza denaro non coltivi neanche più le tue passioni perché costano troppo, e se hai una passione pensi solo ed unicamente a come ricavarne del denaro!

Per Iulei gli scacchi erano un ottimo passatempo, gli piaceva passare giorni pensando ad una mossa. Anche se il più delle volte passava giorni e giorni a pensare a tattiche su tattiche per poi fare la prima mossa che avevo pensato e scartato, dimenticando il perché l'avesse scartata, finendo per sbagliare. Pensare troppo ti frega anche in un gioco del genere, quant'è fallace la mente umana. E come ogni cosa, oltretutto, si era trovato a portare all'eccesso pure quello, pure gli scacchi, pur di distrarsi dal mondo esterno che tanto detestava. E vi trovava un sacco di parallelismi con la vita: l'eterna lotta tra bene e male, il peso di una scelta, la conseguenza delle proprie azioni. Siete solo tu e il tuo avversario. Se la tua posizione è pessima, non può essere di altri la colpa se non tua e della tua distrazione. Una distrazione che l'avversario può sfruttare. Vittoria e sconfitta sono determinate dalle tue scelte, dalle tue distrazioni, dai tuoi pensieri.

Alzò lo sguardo e si bruciò gli occhi, dovette chiuderli. Era un'altra sublime giornata di sole. In cielo i passeri cinguettavano senza sosta, i piccioni lottavano in alto, sopra gli spogli stecchi degli alti pioppi bianchi, i gabbiani urlavano in lontananza. Le strade eran sature di gente blaterante come sempre. Le vie come vene e la gente come un virus che punta dritto al cuore del mondo. Avevano sacchetti firmati che parevano molto pesanti, occhiali da sole ridicoli e vestiti tutti uguali. Una bella mattinata impegnativa tra acquisti inutili e finti saluti. Iulei li guardava da dentro il suo cubo, come sempre. Il lavoro andava calando, oltre a qualche giornaletto venduto e a qualche giornale non aveva fatto altro. La noia incombeva, e iniziava a maturare in lui l'idea di piazzarsi un piccolo televisore, là dentro. Ci starebbe proprio bene nell'angolo lì in alto.

Quella mattina i rintocchi d'argento provenienti dalla torre campanaria avevano riempito le strade, come ogni mattina, inaugurando la nascita di un nuovo giorno. E come al solito Iulei si era svegliato nella sua buia casa con il vino della sera prima ancora alla testa. Riuscì a dileguare i postumi in poco, ne era ormai abituato, gli bastò giusto bere il caffè di qualche giorno prima, nero e freddo, che non aveva avuto modo di riscaldare, e sciaqaursi la faccia alla fontanella pubblica davanti casa, al marciapiede al di là della strada. Non aveva tempo per i postumi, doveva assolutamente andare a lavoro, quella mattina. Doveva stare lì ad aspettare il suo grande amico Francesco. Sapeva che sarebbe venuto all'edicola per salutarlo, come ogni domenica, e non vedeva l'ora di informarlo della sua mossa fatta la sera prima. La mossa di cui andava molto fiero.

Erano compagni di gioco, loro due, giocavano spesso insieme ed erano praticamente a pari livello, una volta vinceva uno e una volta l'altro. Le partite potevano durare mesi prima di ottenere un vero vincitore. La causa era che entrambi lavoravano e questo prendeva molto tempo dalle loro giornate, dunque gli scacchi cadevano in secondo piano. Si vedevano una volta a settimana e se le avevano fatte si comunicavano le mosse, poi, quando ognuno dei due tornava a casa, ci ragionava davanti alla scacchiera.

Francesco lavorava in un negozio di musica, e la musica era la sua passione. Non aveva bisogno, economicamente parlando, di lavorare, ma comunque lo faceva per non vivere solo dei soldi dei suoi. Aveva la mentalità da artista e voleva essere indipendente, voleva sentirsi tale. E in più amava il suo lavoro, il che è più raro di quanto si pensi. Era tra le persone più entusiaste della vita che Iulei avesse mai conosciuto. Amava la vita più che poteva, cercava di spolparla e di viverla anche nei suoi lati peggiori, che gli davano una spinta di vita quasi innaturale. Iulei si sentiva ispirato, quando aveva lui a fianco.

Lo vide arrivare già da lontano con la sua solita sigaretta incollata alle labbra e il suo passo sicuro e teatrale. Aveva i capelli lunghi ed era alto, i pantaloni a zampa di elefante gli scendevano lungo le gambe, coprendo gli stivali marroni. A vederlo pareva uscito da una rivista di pubblicità vintage. Di fatto i mercatini dell'usato erano la sua unica fonte di vestiario.

«Amico mio, carissimo!» disse, con voce tonante e con il suo solito sorriso da ebete e le gengive tutte fuori, una volta giunto davanti all'edicola.

«Fra'! Felice di vederti.»

«Allora, come va?!»

«Va', va', lascia che vada! Ho una notizia, sai?» rispose Iulei, tutto disinvolto.

Quello si animò subito. Gli bastava poco per animarsi ed entusiasmarsi. «Ah sì?!» disse, sorridendo, «grandioso! Vai dimmi, son tutto orecchi.» tolse la sigaretta dalla bocca e lo guardò pieno di gioia.

«Pedone in D5.»

«Pedone in...»

Francesco calcolò, con una mano sul mento, lo sguardo perso, probabilmente vedeva la scacchiera con gli occhi della mente. «Ottimo!» sbottò all'improvviso, «perfetto, ottima mossa. Siamo solo in apertura e già avanzi, va bene amico, accetto la sfida.»

«Ehi, ti lascio tutto il tempo che vuoi per decidere la tua prossima mossa.»

«Va bene, prenderò il tempo necessario. Oh, pazzesco 'sto gioco!»

Iulei rise, si sorprendeva sempre di come il suo amico prendeva le notizie, buone o cattive che fossero. Tutto, per lui, era uno slancio, un nuovo punto di partenza.

«Avrò sicuramente da pensarci su, non c'è dubbio. Grazie per questa mossa.»

A quel punto si scostò, per lasciare spazio ad una ragazza che sgambettava verso la loro direzione, cercando di comunicare con l'edicolante e passando davanti a Fra' come se quello non esistesse. «Un negozio di articoli sportivi?» disse quella, rivolta a Iulei.

Iulei si sentì offeso da questa domanda, cos'era lui, un ufficio informazioni? Assunse il suo tono serio e cordiale e disse: «salve. Può provare per di là, sicuramente hanno qualcosa.» indicò un negozio non molto distante.

«Ma vende anche scarpe?»

Respirò profondamente. «Ma cosa ne so?! Provi ad andare.»

«Va bene,» disse, «scusa tanto se mi son permessa di farti una domanda, eh.» alzò i tacchi e ruzzicò via, verso il negozio.

Tra i due amici ci fù uno sguardo d'intesa, poi risero insieme. Francesco riusciva a farlo ridere anche quando la situazione era delle peggiori per il suo umore. Era proprio un amico.

«Allora,» disse Iulei. «Tu come te la passi col lavoro?»

«Il lavoro è in calo, più nessuno suona, sai com'è, l'arte sta morendo eccetera eccetera. Ma niente di nuovo, già si sa. Probabilmente tu hai più gatte da pelare di me.» guardò la ragazza che se la filava a culo dritto.

«Sai,» riprese, tornando a guardare Iulei. «Ora i clienti vengono e tirano subito fuori l'argomento che è sulla bocca di tutti: questa dannata guerra. Roba da far accapponare la pelle. Hanno paura, ed è normale. Ma non capisco perché molti tirino fuori il discorso mentre accordo loro la chitarra, non capisco cosa si aspettino da me, parole di conforto, forse? Si aspettano che mi metta a suonare un inno contro la violenza, così, dentro al negozio con loro davanti?! Proprio non capisco.»

Schiacciò il mozzicone di sigaretta sul tacco dello stivale e lo gettò nel bidone con noncuranza. Ne accese subito un'altra. Quando parlava di certe cose aveva bisogno di fumare.

«È probabile, ed è una fortuna che abbiano paura, è già qualcosa. Reagiscono in qualche modo. Meglio di quelli che anche in questa occasione riescono a pensare solo al proprio culo.» rispose Iulei.

Vedendo il suo amico con la sigaretta in bocca gli veniva una voglia matta di fumare, ma non voleva farlo dentro all'edicola. Chiuse già la grata davanti e lo invitò sul retro, uscì dalla porticina dietro di sé.

Francesco aspettò che l'amico accendesse la sigaretta, poi rispose, con il fumo che usciva dalla bocca e gli occhi verdognoli semichiusi: «sono in molti a pensare solo al proprio culo, in questa situazione, che corrono ai ripari, e fanno anche bene, ti dirò. Iniziano a ficcare i soldi sotto al letto, non si fidano delle banche, a ben ragione.»

«Ed era ora che la gente iniziasse a diffidare dalle banche. Tutti ne parlano male ma nessuno fa qualcosa. Il prossimo passo sarà diffidare dal denaro, spero io.»

Prese una lunga boccata di sigaretta, poi riprese, riflessivo: «ho solo paura che tutto ciò ci porti a divenire meno umani.»

«Meno umani, diavolo, già.» il volto di Francesco si fece più serio di quanto già non fosse, guardò il suo amico dritto negli occhi, aveva una cosa profonda da dire e cercava di creare la giusta teatralità, lo faceva sempre, e gli piaceva. «Ora vanno le guerre in ogni salsa, sai? Non guardi la TV? Io no. Ma mia madre l'altro giorno mi ci ha costretto a cena da lei. In pratica è una guerra anche lì, una guerra di opinioni, di scemenze, e ci giocano, per creare pubblico. Si insultano, si fanno guerra, per l'appunto. E appena qualcuno dice qualcosa di sensato o parte la pubblicità, o gli parlano sopra. Siamo invasi dalle guerre, ma la gente non lo nota, siamo abituati a tutto questo.»

«Uno schifo. Per queste ragioni io mi emargino, mi chiudo nel mio eremo che chiamo casa, questo genere di cose non le voglio più vedere o sentire.»

«Ti capisco, amico, ti capisco. Ma vedi di non esagerare, cercami quando hai bisogno. Ci sarò sempre. Di questi tempi è dura.»

Francesco era preoccupato per il suo amico, lo guardava chiudersi sempre di più in se stesso mentre un po' d'aria fresca non gli avrebbe fatto per nulla male. Di fatto era lui ad andarlo a cercare, lui che lo invitava a fare un giro. Lui era l'unico aggancio che Iulei aveva alla realtà.

«Ad ogni modo, chiudendo il discorso di prima, molti secondo me dovrebbero solo studiare. Quello che ora come ora sento di poter fare io, personalmente, è scriverci sopra.» concluse Francesco.

«Macché! La storia la conoscono, ma fanno finta di non saperla. Ad ogni modo fai bene... a scrivere, intendo.»

Iulei posò lo sguardo verso il basso, pensando a quella sua vecchia passione, che Francesco teneva viva per entrambi.

«Al di là del lavoro come tu la passi?» gli chiese l'amico, tornando a guardarlo col suo sorriso da ebete.

Le sigarette le avevano finite ma comunque restavano sul retro a parlare, quel luogo dava loro più intimità. «Me la passo come al solito. Sai, ancora schiavo del denaro. E tu?» rispose.

Iulei si era ridestato dalla tristezza che gli argomenti precedenti gli avevano insinuato. Gli era bastato guardare il sorriso ebete del suo amico per rallegrarsi e avere ancora modo di recitare la parte di quello indifferente.

«Ancora con questa convinzione?!» lo ammonì.

«È la verità, che vuoi farci?»

«Sì, se ti convinci che lo sia! Il denaro, ascoltami bene, il denaro,» aveva socchiuso gli occhi e cercava di creare la giusta atmosfera, aveva, ancora una volta, qualcosa di profondo da dire. «Il denaro è lo schiavo, e non tu. Devi sfruttarlo per giungere a qualcosa. Se ti convinci d'esser schiavo, sarà il denaro ad usarti per giungere a qualcosa. Ed è qui che mi caschi. Dimentichi di avere potere e ti fai sopraffare dalla vita. Non fare come gli altri.»

«Giammai. Ci provo, ma non vedi? Sono qui a racimolare due spicci che neanche mi servono ma senza i quali morirei di fame, maneggio sporchi soldi tutto il di' pur di non morire di stenti. E per cosa non voglio morire, poi? Per cosa vivo?! Per non bloccare l'ingranaggio dei soldi. La fregatura sta nel fatto che senza il denaro non avrei neanche di che riempire le giornate. Sono incastrato a vita.»

Si accese un'altra sigaretta e ne passò una pure a Francesco, che prese una lunga boccata e disse, toccandosi la tempia con l'indice mentre teneva la sigaretta tra medio e pollice: «il lavoro ti serve per la mente. La routine del lavoro ti mantiene sopra i binari, ti tiene lucido, ti da uno scopo verticale. Impara a sfruttare, a non farti sopraffare. Sfrutta il lavoro per restare sano di mente.»

Pazzesco. Sapeva sempre cosa dire. Era capace di

tirargli fuori ciò che aveva in testa e glielo faceva anche comprendere, alcune volte. Sì, era proprio un amico. Iulei voleva rispondergli, solo per dire qualcosa, per non starsene zitto. Credeva in ciò che aveva detto, era la realtà in cui viveva tutti i giorni. Eppure Francesco non aveva torto, e lo sapeva anche lui. Dicendogli che aveva torto non l'avrebbe smosso, lui è uno che crede in ciò che dice e rispetta il parere altrui. Piuttosto che sentirsi dare ulteriori consigli, Iulei decise di starsene zitto. Che poi, parlandoci in modo chiaro, probabilmente lui neanche se le meritava le parole dell'amico.

«Grazie,» rispose soltanto, portando lo sguardo ai piedi, «ma ora devo chiudere tutto e mettere qualcosa sotto i denti.»

«Non preoccuparti, amico, devo andare anche io. Tu riguardati, mi raccomando.»

Iulei si vide con i capelli scompigliati, la barba non rasata e con qualche pelo bianco, si vide senza luce acqua e gas in casa. Disse: «lo faccio sempre.» mentendo. «Ma fallo anche tu, ok?»

«D'accordo!» rispose, battendogli il pugno ricco di anelli. Poi gli diede le spalle, la giacca nascondeva per metà le lunghe gambe che coprivano un metro di strada ad ogni falcata. «Alla prossima!»

«Cià'.» rispose brevemente Iulei, guardandolo andar via.

Qualche passo più in là si girò, urlando a Iulei, con le mani a cono davanti alla bocca: «a proposito, alfiere in B5!»

Iulei prese subito nota scrivendosi la mossa sulla mano. Questo era Francesco, capace di aiutarlo e sorprenderlo in qualunque cosa. Aveva sicuramente avuto tutto il tempo in mente quella mossa. Senza dubbio la sapeva ancora prima che si incontrassero quella mattina. E Francesco sapeva anche che Iulei avrebbe avuto bisogno di un po' più di tempo per pensare alla risposta, per questo aveva atteso l'ultimo momento: per lasciargli il tempo di cui necessitava senza metterlo in imbarazzo.

Diamine, era proprio un amico.

Ad ogni modo, come aveva detto, chiuse l'edicola subito dopo. Era domenica, e la domenica teneva aperto solo mezza giornata. Il sole era ancora alto nel cielo, baciava gli alberi, le foglie e la gente. E accecava Iulei, circondato da persone e voci. Abbassò la visiera del berretto per ripararsi da quel bagliore penetrante. Non era abituato a così tanta luce, lui viveva nella notte.

La via brulicava ancora di gente. Molti erano entrati nei vari ristoranti tutti uguali per mettere qualcosa sotto i denti, o anche solo per farsi vedere. Altri invece camminavano con alla mano piadine o panini, e altri uscivano in quel momento dal pranzo. Ba'! Li detestava. Tutti così sorridenti, così finti. Creature vestite da giubbini e berretti colorati giocavano e correvano tra le gambe della corposa folla. Erano vivaci e infantili, erano pieni di vita. Vita tutta da vivere.

Il nostro a pranzo aveva convertito un lurido pezzo da cinque passato nelle mani di chissà quanti in uno squallido panino, come per magia, magia del dio denaro. Per qualche minuto si era sentito come chi lo circondava, passeggiando con il cartoccio alla mano sotto la raggiante luce dell'astro, affluendo tra la moltitudine scalpitante e armoniosa. Una parte di sé aveva detestato l'essersi omologato a quel modo alla massa. Pensa un po', nel pomeriggio aveva addirittura pagato le bollette. Da non credere, è pazzesco! Le parole del suo amico gli avevano dato forza, forza di reagire, come faceva lui. Si era sentito capace, finalmente, capace anche lui di vivere.

Intanto il cielo si faceva arancio, stava imbrunendo e Iulei non si era ancora rintanato dentro casa. Pensava al gas, al caffè che avrebbe potuto riscaldare. O alla luce, alla scala che avrebbe potuto affrontare con la lampadina accesa, poteva anche usare l'acqua del rubinetto, abbandonando la bacinella, dopo tanto tempo.

Ma aveva paura di tutto ciò, di questa modernità, omologazione di massa, schiavismo. Cercava dunque di procrastinare il proprio ritorno. Intanto il sole andava calando sempre di più. Iniziava a lasciare sempre più spazio alla più romantica luna. Iulei passeggiava in mezzo a bar chiassosi e strillanti, odoranti di vino, birra e alcol, con Lei che si mostrava sempre di più, illuminava sempre di più il suo cammino. Si denudava per lui e le piaceva, pareva che entrambi si cercassero, si amassero, in quel momento. I lampioni si accesero all'unisono come molteplici occhi e qualche stella nell'alto cielo venne offuscata dalla loro invasiva e inquinante luce. Ma la bella luna restava imperterrita a capeggiare fieramente la volta celeste, senza lasciarsi intimidire.

A quella tarda ora faceva freddo, aveva dunque chiuso la giacca nera e ficcato le mani nelle tasche. Il colletto era in su, mezzo volto coperto da esso, lo difendeva dallo sferzante vento gelido. Porse lo sguardo alla volta celeste, blu profondo sublime e punteggiato di stelle. Si sognò come potesse essere la vita da autostoppista della galassia. Poi abbassò lo sguardo e lo porse davanti a sé, in un fausto bar pieno di gente, l'insegna mostrava il nome: *"La Cervogia"*.

Per quel poco che vedeva da fuori, con le finestre appannate dal calore che stava dentro, il luogo pareva tranquillo. Tutti stavano seduti con boccali di birra davanti ai loro volti e la musica non pareva essere assordante. Là dentro nessuno lo avrebbe infastidito. Gli venne voglia di bere qualcosa, decise di entrare.

Afferrò la maniglia in ferro battuto arricchita da fantasie scavate sulla superficie e fece pressione verso il basso. Spinse, facendo inoltre un passo in avanti. La porta restò salda. Non si aprì, poco mancava che ci lasciasse l'impronta del volto. Provò ancora una volta, più forte, più deciso, ancora niente. Si guardò ben bene prima di provarci una terza volta, e fu a quel punto che vide: bianco su blu, una scritta, un consiglio atto ad aiutare i venturi, i dispersi, o chiunque avesse voluto attingere alla sacra dimora pregna di maleodorante birra:

TIRARE

Che stupido, come aveva fatto a non vederlo pima? Quelli dentro l'avranno sicuramente visto mentre litigava con la porta. Dannazione. Ad ogni modo obbedì, era abituato ad obbedire. Entrò. Una nebbiolina creata dal fumo che usciva dalle paglie che avevano in mano i clienti riempiva il locale. Un odore alcolico pungente arrivava subito al naso, i tavoli in legno erano tutti macchiati di appiccicosa birra. I commensali, seduti in delle panche di legno, lo guardavano tutti ridendo sotto i baffi. Lui di rimando li guardò in cagnesco, nascondendo parte del volto sotto il colletto e parzialmente gli occhi sotto la visiera. Cosa se la ridevano, quelli? La maggior parte di loro era già saturo di birra, con la famiglia a casa ad aspettarlo e gli stipendi guadagnati nel mese scaricati in una macchinetta del mangiasoldi. Avrebbe dovuto ridere lui di loro, certamente non il contrario! Si sedette ad uno sgabello e poggiò i gomiti al bancone di legno. E mentre se ne stava lì tutto sciancato, smicciando l'ambiente attorno, una ragazza dai capelli biondi e mossi e raccolti in una lucente e lunga coda da un elastico rosso ruzzicò da lui. Sorridendo lo smicciò, aguzzando lo sguardo per vedere meglio i misteriosi occhi inguattati sotto la visiera del nuovo venuto. Pareva molto incuriosita dal nuovo venuto.

Piegò i gomiti, serrando le mani ai fianchi. «Ciao!» gli disse, «cosa ti porto?»

«Una birra.» rispose il nostro. Il suo sorriso lo intimidiva, non era abituato alla gentilezza altrui.

«Subito! Una media, immagino.»

Iulei acconsentì timidamente con la testa. Non aveva voglia di parlare a causa della figuraccia di poco fa. Era meglio fare il serio altrimenti sarebbe finito per diventare lo zimbello della serata.

Quella lo filava incuriosita anche mentre spinava. Inclinazione del boccale perfetta, il liquido fuoriusciva rapido su di un unico punto del boccale, quello reso più freddo dal continuo e svelto scorrere. La schiuma bianca andava formandosi lentamente man mano che l'abile ragazza abbassava il recipiente sudato. Lanciò un dischetto di cartone davanti a Iulei e ci appoggiò sopra il boccale pieno di birra effervescente. La bianca formava una corona all'apice del bicchiere, l'esterno era coperto da goccioline. L'odore intenso di luppolo e orzo gli arrivò subito alle froge del naso. E, in quell'esatto momento, si ricordò di detestare la birra. Gli dava il mal di stomaco. Ma aveva poca importanza, doveva bere e mantenere l'atteggiamento da duro, non poteva abbassare la guardia. Perché diamine l'aveva ordinata, se non gli piaceva?

Che stupido, totalmente incapace di saper gestire le situazioni attorno a me. La timidezza e l'insicurezza mi hanno nuovamente rovinato, pensò.

Ringraziò, lei di rimando gli sorrise. Iulei la guardò meglio solo in quel momento. Wow, era davvero bella. Perché diamine mi guarda così? Finì la pinta. Alla fin fine anche la birra va giù. La ragazza accorse celere.

«Bis?»

«Vai.» la voce di Iulei si era sbloccata già dopo la prima media.

Quella si poggiò nuovamente alla manichetta d'oro della spina. Ora Iulei non le staccava gli occhi di dosso. Aveva notato solo in quel momento l'eyeliner azzurro e la matita nera che le incorniciavano maestosamente gli occhi verdi. Gli porse la pinta, le sorrise. Lei ricambiò. Quanto tempo, dall'ultima volta che aveva sorriso ad una ragazza; neppure se lo ricordava. Si attaccò al boccale, i baffi erano bagnati e rivoli di birra colavano giù verso il mento irto di peli. Era diversa dal suo rosso, ma una bionda è sempre una bionda. Smorzò un rutto causato dalla lunga sorsata. Poi si riattaccò. Voleva finire la birra, voleva di nuovo che la barista gli desse attenzioni. La notava mentre lo guardava da lontano. Ah, quant'era bella! Ma che aveva a che fare una così con lui? La guardò.

«Un altra, per piacere!» lasciò il bicchiere sul dischetto, attendendo l'arrivo di lei.

Un altro boccale venne servito, ancor più bello e spumeggiante di quelli precedenti. Anche più buono, si può dire. Iulei volle cogliere l'occasione per sorridere alla barista, non ci riuscì. Riprovo alla prossima, pensò. Ingurgitò il liquido. Due loschi figuri belli sbruffoni si sedettero non lontano dal nostro, qualche sgabello più in là. Il primo aveva i capelli corti e brizzolati, glabro in volto, una fede al dito. L'altro rasato a zero e con la barba.

«Quindi, alla fine quella non mi si è voluta fare. Proprio non capisco.» gli fece il brizzolato al rasato.

«Ba', le donne. Bravo chi le capisce. Birra?»

«Sì.» rispose. Poi, rivolto verso la barista: «oh, bionda! Porta due bionde.»

L'altro rise per la battuta squallida. Si attaccarono ai boccali. Poi li posarono sul bancone, pareva che avessero mancato i poggia bicchieri di proposito. Il barbuto tirò fuori di tasca il cellulare, il volto gli si illuminò. Sorrideva guardando decine di foto con ragazze seminude che gli scorrevano sotto gli occhi. A quel punto Iulei scolò la birra e ne ordinò subito un'altra. Quel tipo gli faceva schifo, non ebbe testa di sorridere alla barista. L'immogliato intanto parlava a manetta e senza sosta. Si toccava e strofinava sovente il naso e tirava su rumorosamente, mentre blaterava. Il barbuto annuiva senza realmente ascoltare il suo compare. Da come le guardava pareva stesse facendo una selezione, di quelle foto, lasciava cuoricini di qua e di là. Alzò lo sguardo solo quando l'immogliato gli fece: «ci famo una botta?»

Il barbuto sorrise ancor di più e mise via il cellulare, mollò due pezzi da cinque sul bancone e seguì il capoccia. Le birre erano ancora a metà. I due non si fecero più vedere. Iulei fu contento di ciò. Si era così concentrato su quei due da non essersi accorto di aver praticamente finito anche quella pinta. Ne ordinò un'altra. Cos'era, la quinta? Sesta? Poco importa. Ad ogni modo ne voleva un'altra.

Alzò la mano verso la ragazza e quella accorse di gran passo. Poi gli porse un altro boccale carico di birra. Iulei sorrise, «grazie, bella.» disse. Quella parve arrossire.

Oh sì, mi vuole. Gli diede le spalle e lui si sentì nuovamente solo. Guardò il boccale, doveva finire anche quello. Si attaccò e ingurgitò la birra in un sol fiato. Emise un rutto, non troppo forte. Riusciva ancora a contenere l'educazione, in parte. Ma iniziava a vedere appannato. Oh, forse avrebbe dovuto berla più lentamente quella pinta. Poi a lui la birra neanche piace. E che ci faceva là dentro, in una danarosa birreria? Si guardò il braccio. Vide cosa si era scritto qualche ora fa: la mossa del suo amico. Doveva essere a casa, in quel momento, a pensare alla partita di scacchi e alla sua risposta! Va be', per quello aveva tempo. Non tornava a casa da quella mattina, qualche ora in più in giro non avrebbe fatto male a nessuno, e in più aveva pagato le bollette, pazzesco! Be', ogni tanto doveva vivere la vita pure lui, come Francesco. Poi era bello quel bar, e la barista aveva una cotta per lui! Certamente non poteva andarsene ora che era il suo momento. Tutti là dentro fumavano, volle farlo pure lui. Cercò una sigaretta e l'accese. Ora, che aveva la sollazza fumante in bocca, cercò la propria preda con gli occhi rapidi.

Un uomo con dei folti basettoni si era infiltrato dietro al bancone, e serviva dei ragazzini. Chiese loro i documenti, loro non vollero darglieli e quello capì che erano minorenni. L'uomo dai basettoni smicciò il movimento intorno e poi diede ai ragazzetti delle birre, dicendo però loro di allontanarsi. Quelli erano tutti un'adrenalina, presero le bottiglie di vetro e sgambettarono via alla malandrina.

Iulei dopo ciò vide finalmente la ragazza interagire con

vari clienti. La bramava, la desiderava, la denudava con gli occhi, ed era così bella, nuda nella sua mente. Si sentì subito geloso, voleva le sue cure tutte per sé. Cercò un modo per attirare la sua attenzione, ma come? Come posso fare? Deve svincolarsi da quei luridi e appiccicosi vermi. Guardò i boccali lasciati dai due montati di poco fà. Avevano ancora della birra dentro, ma non erano a portata di mano, avrebbe dovuto allungarsi verso di essi per raggiungerli. Ed era troppo rischioso, così facendo sicuramente gli altri commensali lo avrebbero notato additandolo come un tipo strano, e non voleva. Basta figuracce per quella sera. La ragazza si trovava ancora impegnata. Doveva pensare a cosa fare. Guardò il proprio boccale vuoto, ingurgitò per sicurezza fino all'ultima goccia e lo strinse con la mano dal fondo. Utilizzò il bicchiere come prolunga del proprio braccio e colpì i due boccali semivuoti, poco più in là. La ragazza si girò verso di lui, ora non poteva più ignorarlo. Iulei fece finta di niente, guardandosi intorno col mento in alto e gli occhi persi.

Quando la barista andò a pulire, Iulei la agganciò con lo sguardo. Si sentiva sicuro di sé.

«Ah, questa gente che lascia i bicchieri semivuoti. Vedi poi cosa succede?» disse, tutto bello arzillo e gioioso per l'alcol che c'aveva fino alla testa.

La ragazza annuì con la testa, mentre con uno straccio lurido raccoglieva la birra sul bancone. Iulei capì che era il suo momento, doveva parlare, ora o mai più. «Di un po', me ne porteresti un'altra?» disse sorridendo. Ok, avrebbe potuto dire di più, ma per il momento andava bene.

«Sì ma è l'ultima. Stiamo chiudendo.» il suo sguardo si era fatto più serio.

Iulei era convinto che la ragazza volesse solo fare la

difficile. Normalmente si sarebbe sentito intimorito da ciò, ma non dopo quelle birre. Anzi, si sentiva più ganzo. Lei gli lasciò il boccale, meno gentilmente di prima. Grazie bambola, ci becchiamo fuori? Lo ignorò. Aveva detto davvero quelle parole o se le era immaginate? Buttò giù qualche sorso. Ah! Amo la birra. Al diavolo tutto e tutti. Mi fate tutti schifo! Vermi. Stupidi clienti, ancora le rivolgevano parola. Non capivano che lei era sua? Doveva prendersela, doveva farsi valere.

La musica non era molto alta ed era tranquilla, del jazz leggero. Il vociare dei commensali riempiva l'ambiente, il tintinnio dei bicchieri era perpetuo, ormai ficcato nella testa di tutti, tanto che neppure lo sentivano più. Iulei gettò il mozzicone di sigaretta a terra e ne accese un'altra. Finì la pinta e si alzò dallo sgabello, lasciando qualche banconota sul ripiano. Aveva lasciato più del necessario e lo sapeva, il resto è mancia.

Ora era in piedi e c'era questo fatto pazzesco che non si sentiva più le gambe. Dio! Quanto era difficile stare in equilibrio. Si appioppò al bancone con la mano e si toccò la dolente testa, ricordandosi di non aver neppure cenato, quella sera. Dannazione. Brutta abitudine quella di bere a stomaco vuoto. Gli capitava sempre, e ogni volta si ripeteva di voler smettere. Recidivo. Puntò lo sguardo sulla barista, era il suo momento. Fece un passo avanti e inciampò sulla gamba dello sgabello facendo cadere il boccale vuoto con una manata, questo si frantumò sul pavimento, attirando l'attenzione di tutti. Lo guardarono, si sentì osservato, detestò quella sensazione. Poco importava, lui aveva rimorchiato, non aveva tempo per altro. Li ignorò e andò dalla ragazza sbarellando, la stanza girava, lei lo guardava ed era immobile. Tutto si muoveva, tutto era una confusione caotica senza sosta, ma lei no. Aveva degli occhi che mettevano paura, parevano capaci di guardarti dentro. Ei bambola, usciamo da questo postaccio, io e te, da soli?

Un tizio gli si piazzò davanti, aveva una camicia a quadri nera e grigia. Che vuole questo? Togliti di mezzo! Ma niente da fare, restava lì, indefesso. Sarà duro d'orecchi. Quello lo invitò ad uscire, o almeno così credeva di aver capito Iulei. Ma ad ogni modo non voleva uscire, aveva una missione da compiere. Tentò di scansarlo per tornare dalla sua amata e quello lo spinse. Iulei inciampò una seconda volta, cadendo. La ragazza andò dall'energumeno, dicendogli di darsi una calmata. Esatto! Datti una calmata, bello. Non c'era niente da fare, lei lo voleva per davvero, questa era l'ennesima prova inconfutabile. Ma allora perché non lo aiutava ad alzarsi? Va be', farò da solo. Un uomo deve anche sapersi rialzare da terra senza l'aiuto di una donna.

Si alzò, e notò che tutti lo guardavano. Si sentì pieno di collera, il suo odio per il prossimo stava giungendo all'apice proprio in quel momento, con tutti quei volti curiosi che lo smicciavano sentendosi chissà chi. La ragazza intanto stava accanto all'energumeno.

A quel punto una dolce e aggraziata parola raggiunse l'orecchio del nostro, andando oltre il suono della musica, del vociare, dei bicchieri e delle risa. Era la parola "amore". Oh sì! Amore. La barista lo amava già! Un po' prematuro come amore, forse, sarà stato a prima vista. La guardò, lei no. Non ricambiava lo sguardo, parlava col tizio. Pronunciò un'altra volta quella parola.

Non era rivolta a lui, ma a quel bruto.

Ecco, si era illuso ancora. Una lacrima gli percorse la

guancia sinistra, la collera era completamente svanita e la tristezza era giunta. Che stupido, aveva creduto davvero, si era convinto davvero che lei fosse stata veramente interessata a lui. Ma poi cosa c'entrava lui con lei? Cosa c'entrava lui con tutti loro? Col mondo intero? Ah! Povero illuso.

Intanto l'energumeno lo aveva preso a tenaglia per il braccio, voleva buttarlo fuori. E lascia! So fare anche senza il tuo aiuto. Il tizio lo colpì, Iulei smise di opporsi e venne scaraventato fuori tra le risa dei molteplici clienti. Baciava la strada. Non voleva più alzarsi. A cosa sarebbe servito, poi? Rimase un po' là a pomiciare col pavimento, era quasi comodo. Si alzò poco dopo, quando gli balenò alla mente che i clienti sarebbero usciti a breve e avrebbero colto l'occasione per ridere di nuovo di lui trovandolo ancora in quel modo. Come se loro fossero tanto meglio.

Ora barcollava per la sua via. La luna era sempre lì, la sua consorte. L'unica costante. Almeno sotto di lei non si sentiva deriso. Pazzesco, aveva pure pagato le bollette, quel giorno. Ma chi gliel'aveva fatta fare? Lui era lui, non era Francesco. Non sapeva che farsene della forza che l'amico gli dava sovente in prestito. Era destinato a vivere come passeggero, come nullità. Un misero edicolante degno neppure di una briciola di rispetto, deriso da chiunque.

Francesco ha la forza di reagire, di vivere e di reagire. Non io!, pensò.

Non c'entrava nulla con quella birreria, con quella gente, con quei soldi che passavano di mano in mano. Lui doveva stare solo, vivere solo. Aveva vissuto l'ennesima delle tanti delusioni della sua vita. Povero illuso! Pensare che quella ragazza ce l'avesse con lui, mentre faceva semplicemente il suo dannatissimo lavoro! Niente da fare, il suo posto era là, in strada, al buio, dove nessuno l'avrebbe visto. Non in una squallida birreria, dove tutti si credono superiori. Almeno disperso sotto la luna nessuno avrebbe riso, aveva bisogno solo di sé stesso. Si accese una sigaretta, il vento lo colpiva senza remore, solitario vento della notte. Decise di non ripararsi da quel freddo, volle viverlo, opporsi ad esso, ma senza cercare un riparo o aiuto alcuno, senza scappare, per una volta tanto, o trovare escamotage. Semplicemente vivere. Volle iniziare a reagire senza nascondersi, conscio del fatto di non essere in grado di andare oltre. La sigaretta intanto lo riscaldava dentro, tanto bastava. Non si sentiva neanche così tanto ubriaco, in realtà: barcollava poco e la vista pareva fluida, i bagliori dei lampioni erano davvero abbacinanti, ma al di là di quello non vedeva doppio, doveva essere già un traguardo, giusto? E se qualcuno glielo avesse chiesto sarebbe anche stato in grado di camminare lungo la bianca linea di mezzeria della strada senza tradirsi con passi falsi. Non lo faceva perché non aveva bisogno di farlo, ma all'occorrenza ne sarebbe stato capace e avrebbe sorpreso tutti, ne era certo.

    A forza di camminare avanti e indietro nel viale le gambe iniziarono a fargli male, i piedi anche. Gli sembrava di aver camminato chilometri senza calzature. Non era tanto distante da casa sua, stava praticamente poco più avanti, ma ancora non voleva tornarci, aveva paura di quella casa. Vide una panchina al bordo di un marciapiede e decise di sedersi su di essa.

    Era nera, sola, fredda. Come lui, come la luna. La Trinità della notte, non aveva bisogno d'altro. Si sentiva in armonia, in pace con se stesso e con il mondo esterno. In poco si accorse che da steso sarebbe stato più comodo, dunque alzò le gambe e le distese lungo la fredda seduta. Mise il gomito sotto la testa, come cuscino, e piegò leggermente le gambe.

E così, solo, al freddo e abbandonato, in posizione fetale sotto la luna, come fosse una creatura adagiata sul grembo dell'amorevole madre, Iulei chiuse gli occhi e si assopì, lasciandosi cullare. La volta celeste brulicava di luci. Al diavolo tutto e tutti, non aveva bisogno di nessuno. Aveva soltanto bisogno di starsene solo.

Non molto distante, le campane in ferro intonarono il loro ultimo canto nella cupa e mortale notte, echeggiando in tutto il deserto viale.

Corrispondenze

Il raggiante sole d'agosto scaldava il volto e le membra. Il vento leggiadro carezzava i capelli. Il sentiero continuava all'infinito, avvolgendo il mondo intero come un serpente, o almeno così pareva ai bambini, mentre sfrecciavano lasciando nuvole di polvere al loro passaggio. La lavanda era in fiore e profumava l'aria, miriadi di api gli volavano appresso. Era un agosto che profumava di lavanda. Ad incorniciare quel sentiero c'era il bouganville di un colore acceso e un verde estivo indimenticabile, il gelsomino era bellissimo e gli alberi alti alti. Sì, indimenticabile. Il sentiero era vuoto, era tutto per loro, non vi era un singolo passante. Pareva fatto apposta. I bambini facevano a gara, gomiti sbucciati e ginocchia rosse. Oh, quante cadute su quel sentiero! Ma niente li fermava, la gara era tutto ciò che contava per loro. Quant'eran veloci in sella a quelle bici! Se le loro madri li avessero visti in quel momento. Occhio a chi fa la spia! Che poi non è più figlio di Maria. Si giura, non si infrangono i giuramenti, ok?

«Ok.»

Una promessa è una promessa. Devo vincere, costi quel che costi, pensò.

Che male il ginocchio! Ma non c'è tempo, adesso. A tutto gas! E via, le scarpine tutte sporche e infangate, bianche per la ghiaia della via, roteavano ad una velocità indicibile su quei piccoli pedali. Ogni tanto il piede partiva via e colpiva a terra, l'importante era solo tirarlo subito su e non perder tempo in sciocchi piagnistei. Non era mica come Simo, lui. Simo è uno che piange sempre! Lui non era come Simo. Lui era più grande di quattro mesi, e si vedeva. Menomale che c'erano quei quattro mesi, perlomeno non era il più piccolo, ma il secondo più piccolo. A parte per statura. Simo era due volte lui. Sì, ma quanto mangia quello! Va be', non era il più piccolo, lui non piangeva a vanvera.

Sentiva il vento tra i capelli, il casco non ce l'aveva, non era una gara coi caschi, era una gara da grandi. Dietro di lui non c'era nessuno. Lo constatò dopo aver dato un'occhiata alla svelta. Gli faceva paura guardarsi dietro, rischiava di perder l'equilibrio. Ma quando davanti a sé non vedeva nulla non trovava altra scelta, guardarsi le spalle era obbligatorio, serviva per capire quanto forte si doveva pedalare. Non c'era nessuno, dunque poteva rallentare. Ma non lo fece, che era due secondi con Ettore! Quello era uno che andava forte. Dannato Ettore. Di due anni più grande. Era il capo. Facile diventarlo quando sei il più grande. Be', lui era uno che andava forte, se non ce l'avevi davanti allora era dietro di te che ti raggiungeva con la sua formidabile bici da corsa. Diceva sempre che i suoi gliel'avevano regalata per il compleanno, quando la mostrava linda e pulita. Ma tutti sapevano che l'aveva rubata. Mai contestare Ettore, era una regola non scritta ma che tutti seguivano. Di statura era enorme, pareva un adulto, era pure più grande di Simo, e lui è uno che mangia, badate! Aveva anche qualche pelo in faccia, si faceva la barba, da matti. Beato lui.

Ok, ok, papà gli aveva detto che non conta la barba, sei grande solo quando dimostri di esserlo realmente e non quando ti crescono dei peli eccetera eccetera. Però Ettore era grande per davvero, fidati pa', pensò. La sua bici era rossa. E una bici rossa gli passò accanto alla velocità della luce. Allora era dietro! L'aveva già bello che superato, poteva solo mangiare la polvere, a quel punto. Oh no! Anche una verde ora gli faceva mangiare la polvere, anche una gialla.

Non vincerò neppure questa!, pensò.

Pure sua sorella Miranda lo stava superando. Perfetto, battuto pure da una femmina. Peggio di così? Ah sì, c'era Simoncino che si affannava, sempre dietro a tutti. Ma ormai lui neanche valeva, se arrivavi prima di Simoncino allora potevi dirti ultimo.

Dunque rieccoci, come ogni volta, lui era ultimo, Simoncino non veniva contato, Ettore era primo e sua sorella seconda. Poi c'era Arturo, quello con la bici gialla, che era terzo. Anche Arturo andava forte, ma era troppo intelligente, diceva lui, troppo intelligente per queste cose da bambini. Eppure partecipava sempre. Era uno di quelli che se non lo trovavi nei paraggi probabilmente era rintanato da qualche parte a leggere uno dei suoi gialli comprati con i soldi della paghetta. Doveva nasconderli a sua madre, per questo aveva uno zaino pieno celato dietro ad un cespuglio, al loro rifugio. Suo padre invece non gli diceva nulla, era contento che leggesse, anche se erano libri con persone morte e il resto della roba. C'erano anche delle scene di sesso. Le custodiva gelosamente. Ogni suo libro aveva gli angoli delle pagine come segnalibro per ogni scena del genere. Alcune le aveva fatte leggere anche agli altri. In genere però era geloso e non le faceva mai leggere. Dipendeva tutto dal suo umore, in pratica.

Quello in sella alla verde era Mirco. Mirco era praticamente un fuorilegge. Andava in skate e robe così. Quando si doveva fare qualche gara lui partecipava, ed erano gli unici momenti in cui si staccava dal suo skateboard. Aveva una cotta per Miranda, si vedeva dal modo in cui si atteggiava davanti a lei. E la grafica della sua tavola era una roba super bella. Se ne vantava sempre. Andava d'accordo con Ettore, era tipo il suo cane da guardia. E qualunque situazione, per lui, si trasformava in un pretesto perfetto per sminuire qualcun altro. Be', tranne Ettore. Come ad esempio tempo prima, quando i bambini si erano messi in cerchio a parlare dei propri nomi e dei loro significati puramente inventati:

«Ma andiamo! Iulei, Ah-ah! Iulei.» gli fece Mirco, ridendo. «Ma che razza di nome è, spiegami un po'? Non ha significati, è inventato di sana pianta!»

«È il mio nome punto e basta.»

«Che nome ridicolo, ah-ah! Avete sentito, ragazzi?!»

Lo detestava. Ma Miranda anche quella volta andò in suo aiuto, come ogni volta in cui qualcuno lo infastidiva.

«Mirco! Lascialo subito in pace. O dico ai tuoi genitori di quando hai fumato *quella* sigaretta.»

E lui tacque subito. A Miranda bastava aprir bocca per zittirlo all'istante.

Quella sigaretta Mirco se la ricordava bene, ci aveva dato una tirata mesi e mesi prima. Ed era l'unico modo che si aveva per tenerlo a bada. Si sentì grande quando lo fece e, nel tempo, a forza di ricatti, divenne il suo pentimento più grande.

Se suo padre fosse venuto a conoscenza di *quella* sigaretta lui sarebbe certamente morto, non aveva dubbio alcuno.

Giunti al traguardo mollarono le bici a terra senza badare più di tanto al cavalletto. Si trovavano tutti quanti stesi sopra il verde e umido prato. Accanto a loro l'incavatura di un canale. Gli uccellini intonavano il loro armonioso canto.

Ah! Che beatitudine star lì con il sole sopra, a guardare le nuvole e tutto quanto. Tranne Simoncino, lui se ne stava supino a contare i fili d'erba. Sporco lavoro, visto che dimenticava sempre a che numero era arrivato e quindi si trovava a dover ricominciare da capo, ma qualcuno doveva pur prendersi la briga di farlo, o no? Arturo aveva tirato fuori un giallo da chissà dove e ora ne sfogliava tutto concentrato le pagine, gli occhi dietro le lenti super lesti nel seguire lo scorrere delle parole.

Gli altri tre, incluso Iulei, stavano stesi di schiena con le mani a sorreggere la testa e immaginavano figure là nell'alto cielo. Era il gioco preferito di Miranda, quello, le dava modo di inventare e sognare e a lei piaceva un sacco inventare e sognare. Mirco si annoiava a guardare quelle nuvole, voleva andare in skate. Ettore ne era indifferente, aveva la testa altrove. Si era perso nel pensare a dove potesse trovarsi suo padre in quel momento. Era un senzatetto, e se ne vergognava da matti. Una volta lo aveva beccato in giro mentre era con gli altri del gruppo e dalla vergogna lo aveva ignorato mentre il vecchio lo chiamava in continuazione. Si inventò che fosse solo un pazzo e gli altri gli credettero senza proferir parola. Mai contestare Ettore.

A Iulei piacevano le nuvole, sembravano zucchero filato. Solo che non voleva dimostrarsi preso quanto sua sorella altrimenti avrebbe fatto una figuraccia, dunque fingeva poco interesse, quasi nullo.

Miranda ad un certo punto volle prendere l'attenzione di tutti, notando la disattenzione generale.

«I miei han detto di guardare le stelle, questa sera.»

«Anche a me!» intervenne subito Simoncino, alzando la faccia dai fili d'erba. «Hanno detto che ci sono le…»

«Stelle cadenti!» gli parlò sopra Arturo, staccando gli occhi dal suo libro e sistemando gli occhiali sul naso col dito.

«Sono meteore, idioti.»

«No Mirco, sono stelle.»

«Torna a contare l'erba tu.»

«Smettetela di litigare,» intervenne Ettore. «Sono meteore di stelle cadenti.» mai contestare Ettore.

Nessuno disse più nulla e si guardarono attorno, tranne Simoncino, che si sentì in dovere di far sapere cosa lui pensava:

«Be' comunque a me piacciono, qualunque cosa sono.» aveva tenuto il conto dei fili d'erba con le dita, ma si era perso. Ricominciò. Uno… due…

Tacquero, tornando ognuno ai propri affari.

Poi Iulei prese parola. Raro, in genere non parlava mai: «ma,» si bloccò, tutti lo guardarono. «La Giulia,» proseguì, «qualcuno l'ha più vista?»

«Ah! Iulei si è innamorato eh?»

«E piantala Mirco!» disse Miranda.

«Non ho mica detto niente di male! Era solo una domanda la mia.» Arturo rispose, Giulia era una sua grande amica e non poteva non parlare per lei in sua assenza, disse solo: «è in vacanza.» tanto bastava per fare smettere di parlare di lei, o almeno così pensava.

«Non lo so, secondo me abita lontano da qui adesso, da quanto tempo non si fa vedere?» fece Simo.

Iulei aveva contato i giorni e quasi le ore, da quando non si era più fatta vedere. «Non lo so.» mentì.

Ettore iniziava ad agitarsi.

Mirco disse: «meglio che non torna! A me non sta simpatica, i suoi capelli sono troppo gialli.»

«Non dire bugie, manca a tutti. Anche a te.» rispose Miranda.

Ettore non resistette più. «E piantatela con queste cose! Mi avete rotto, io me ne vado.»

«Oh ma che c'ha questo?» fece Simo. Ettore si girò e lo guardò malissimo. Lui riprese a contare i fili d'erba, da capo.

«Lascialo stare.» disse Miranda. Sapeva perché Ettore stava così: Giulia aveva rubato anche il suo cuore, insieme a quello di Iulei. E se li era gelosamente tenuti entrambi, portandoseli ovunque ella fosse adesso. Quello prese la sua bici rossa e se la filò.

«Proprio io non capisco perché si arrabbia.» fece Simo.

«Comunque vado anche io, ho da fare.» disse Mirco, volendo imitare Ettore. Legò lo skate allo zaino e fece per tirar su la bici.

Simoncino guardò Mirco con la bici in mano e intento ad andarsene e se ne rallegrò. Ora finalmente nessuno gli avrebbe dato fastidio con delle stupide battute. «Noi che facciamo, ragazzi?» chiese.

«Be'...» fece Arturo, «vado. Ciao.» quando si era in

pochi lui si imbarazzava e se ne andava via, molte volte senza neanche salutare.

Miranda, vedendoli andar via così celeri, speranzosa, chiese: «ci rivediamo sempre qui stasera? Per guardare il cielo tutti insieme. Che ne dite?»

Tutti risposero che era ok, anche Mirco. Disse che avrebbe avvisato lui Ettore. Poi salì in sella alla bici e volò via. Anche gli altri fecero come lui.

La sera giunse inaspettata. Giusto il tempo di tornare a casa e metter qualcosa sotto i denti e già dovettero salire nuovamente in sella alle bici, in direzione del verde prato e delle stelle cadenti.

Iulei pedalava forte. Era lesto come una freccia scagliata nel buio. Vedeva il prato, i teli che coprivano l'erba per il lungo, sopra i quali si sarebbero distesi tutti quanti per guardare al meglio la volta celeste. Pedalava per non arrivare ultimo, per raggiungere quel luogo di beatitudine che esiste solo nei ricordi più belli. D'un tratto tutto diventò più strano, anomalo. Il prato sembrava sempre più lontano, nonostante il sudore gli colasse dalla fronte per la foga con cui pedalava.

Uno schianto. Schegge si propagarono nell'aria. Il rumore fu secco, potente. Come quello di un martello pneumatico che testardo tenta di penetrare il terreno.

Iulei si svegliò, era nel suo letto. Al condominio là vicino facevano dei lavori, erano le otto di mattina e fuori pioveva forte. Tanto di cappello a quegli operai che lavoravano nonostante l'acquazzone. In casa era buio, come sempre. Si alzò, non sentiva troppo i postumi. Tutto sommato stava come al solito. Si grattò la testa irta di lunghi capelli mentre si trascinava in bagno a piedi nudi. Rischiò di scivolare e si appoggiò al muro accendendo senza volerlo la luce, i suoi occhi si accecarono. E luce fu! Grazie, bollette.

Si spaventò, guardandosi allo specchio sopra il lavandino del bagno. Non ne era abituato.

Aveva molte rughe, i capelli mori spettinati e grigi per la maggiore. La barba era lunga sul pizzetto e più corta sulle guance. Anch'ella per lo più grigia. I suoi occhi scuri erano stanchi, rivolti verso il basso, grandi occhiaie li incorniciavano. Avevano visto troppe scemenze, in quella vita. A cosa servono gli occhi se non per guardare un mondo in rovina e i cartelloni pubblicitari? Sopracciglie folte, qualche pelo le univa, creando un flebile monociglio in cima al suo grande naso incurvato verso il basso. Si vide, nel riflesso, in cinque frammenti. Lo specchio era crepato e pure lurido. Fece fatica a riconoscersi, gli pareva fossero passati anni dall'ultima volta che si era visto specchiato. Il martello pneumatico gli bucava il cranio. Le immagine confuse di un sogno invadevano la psiche. Un nome gli era rimasto in testa, e pareva non volersene andare: Giulia. Oh, dov'era Giulia? Quanto tempo era passato?

Mi gira la testa. Ma cosa è successo?, pensò.

Fece per lavarsi le mani e vide, in un nero sbiadito, la mossa riferitagli da Fra' la mattina prima e che lui si era scritto sul dorso della mano. Dannazione, ancora non l'aveva messa su scacchiera! D'improvviso i ricordi giunsero, veloci come un treno sulle rotaie. Il bar, la ragazza, i due tizi gasati e il gigante che l'aveva cacciato! Ora ricordava tutto! Che serataccia. Francesco lo beccò all'alba sulla panchina e lo prese su, portandolo a casa. Non fece domande, non lo interrogò, lo accompagnò soltanto, senza dire niente. Era uno di quelli che non faceva troppe domande, capiva al volo e ti aiuta senza fartelo pesare.

Diamine, era proprio un amico.

Probabilmente era passato davanti alla panchina per la sua solita corsetta mattutina prima di andare ad aprire il negozio. Chissà che effetto doveva avergli fatto vedere Iulei là, solo e al freddo. Cercò di scacciare quei pensieri. Abbandonò il bagno per recarsi alla scacchiera.

Qualcosa doveva averlo tradito, quella notte. Sarà stata la birra? Erano anni che non sognava. Perché tormentarlo adesso? Detestava i ricordi. Avrebbe vissuto senza soldi e memoria, lui. Perché dobbiamo ricordare? A che scopo la memoria ci perseguita? La memoria è fallace, ci porta malinconia, tristezza. Ci porta a credere perpetuamente che prima era sempre meglio. Per questo beveva, perché era un vigliacco senza dio che schivava il proprio vissuto. Folli almeno quanto fallaci, i ricordi.

Sentiva ancora la birra in gola, che schifo. Lo stomaco era un macello. Doveva assolutamente mettere qualcosa sotto i denti, ma non lo fece. Non per odio verso se stesso, né per punirsi o altro. Ma per distrazione. Qualcos'altro aveva preso completamente la sua attenzione, ed era qualcosa di grande, maestoso, qualcosa che aveva sempre tenuto nascosto perché capace di stimolare i ricordi. Se ne stava davanti alla sua scacchiera, in soggiorno. Sotto al piede i pezzi di vetro del calice dell'altra sera, non sentiva dolore, non fisico, almeno. Fissava impaurito un grosso telo nero accasciato sul pavimento in fondo alla stanza. Perché era lì? Come aveva fatto a cadere?

Indietreggiò, tenendo lo sguardo fisso a terra. Col cazzo che la sua testa si sarebbe inclinata verso l'alto, verso l'orrore che quel telo ora non copriva più. Scappò, andò nella camera degli ospiti, si piazzò in un angolo e mise le mani davanti al volto. Aveva paura, una paura indicibile.

Una ignota paura verso il simbolo che più rappresenta l'oblio dei ricordi non voluti, dei ricordi volutamente dimenticati. Come era caduto quel telo? Francesco, magari era stato lui. Forse per curiosità, o magari deve averlo fatto cadere mentre lo aiutava, involontariamente. Non ne aveva idea. Be', magari uno spiffero d'aria proveniente dagli infissi delle finestre! Ma certo, era così semplice. Aveva tirato un sacco di vento quella notte. Certo, ora tutto aveva più senso.

Ma che fare, adesso? Quei volti erano lì, che lo guardavano. Sentiva gli occhi severi di suo padre piantati su di lui. La sua voce rigida. Sua madre era lì con le braccia aperte. Prese su coraggio e si alzò dal pavimento, tornando in soggiorno. Doveva affrontare anche questa, anche questa carogna che chiamano memoria. Guardò ancora il telo, pareva un buco nero, così accasciato al suolo. Poi alzò lo sguardo e guardò il quadro dalla cornice dorata, spoglio della propria copertura, appeso maestosamente al muro.

C'era suo padre. Volto austero, capelli neri, occhi castani e intimidatori. Lo impauriva anche se era solo un ritratto. Sua madre era bellissima. I suoi occhi erano grandi e amorevoli, profondi. Poi c'era sua sorella Miranda, che nel quadro era in mezzo ai genitori ed era ancora piccola. Aveva i capelli a caschetto castani, gli occhi grandi del medesimo colore, la mano sinistra adagiata timidamente sul braccio destro. Quanto le voleva bene! Era una ragazzina sveglia, intelligente. Era una che con le persone ci sapeva fare. Aveva un carattere molto forte, come sua madre. Niente a che vedere con Iulei. Lui era piccolino e eretto nel suo metro e qualche tappo davanti a lei, vestito come un chierichetto malandato.

Li guardò, come fosse la prima volta dopo tanto tempo. Cercò di non intenerirsi troppo, loro non c'erano più, lo avevano abbandonato! Doveva staccarsi da quell'ameno luogo esistente solo nella sua mente, doveva staccarsi dai ricordi, vivere solo. Non era una scelta, era un obbligo divenuto necessità. Sì, ma la nostalgia è proprio canaglia quando ti prende! Afferrò il telo e ricoprì il quadro.

Addio, ricordi, a mai più.

Guardò la scacchiera e le pedine sopra in attesa di marciare e subito notò che Francesco, probabilmente prima di andar via, aveva mosso il pezzo che gli aveva detto. Forse pensando che Iulei se ne sarebbe dimenticato. Lo ringraziò tacitamente, inclinando la testa in segno di approvazione. Impiegò pochi secondi per scegliere che mossa fare, non ci pensò su più di tanto. Vide una mossa e decise che era la migliore. Difensiva, ormai l'aveva scelta, non poteva più tornare indietro. Poi si vestì per aprire l'edicola.

Era parecchio in ritardo in base al suo solito orario di apertura, doveva fare alla svelta. Fuori cielo plumbeo, pioggia a catinelle. La via era zuppa e ricca di gente sotto ombrelli di ogni colore e dimensione. Gocce danzatrici si posavano sul poliestere di quegli ombrelli. La torre campanaria alla sua sinistra, in fondo alla via, spuntava da dietro le spesse mura che circondavano la piazza. Iulei inclinò la testa verso l'alto, verso il cielo. In quella mattinata che stava vivendo così tanto nel passato sentì il bisogno di sentirsi di nuovo bambino, dunque aprì la bocca, come faceva tanto tempo prima, e cercò di bere più pioggia possibile, spostandosi di qua e di là per cogliere più gocce possibili, con la barba inzaccherata e i capelli umidi.

«Eccoti finalmente!» una voce femminile lo interruppe.

Chi era? Abbassò lo sguardo. Ci impiegò qualche secondo per riconoscere, tutta imbacuccata con cappello, sciarpa e giubbotto, Letizia, la proprietaria dell'edicola. A cui pagava l'affitto. L'aveva pagato, l'affitto? Ma certo, non c'erano dubbi.

«Sono passata ieri nel pomeriggio e non ti ho trovato ne a casa e neppure in edicola, avevi già chiuso. Quindi sono ripassata adesso. Dimmi un po', ma come stai? Ti vedo dimagrito. Va be' che tu dimagrisci sempre di più, tra poco scompari! Ah-ah.» si perse in una risata. «Comunque, io il cartello l'ho messo.»

Iulei disse solo: «il cartello?», socchiudendo gli occhi per la pioggia che gli finiva in faccia.

«Senti, fa un freddo cane e piove e addosso hai una vecchia giacca logora. Perché non te ne compri una più pesante? Ce ne sono di così belle in giro che ti starebbero di un bene! Comunque, mi fai pena così. Che ne pensi se andiamo al bar qui davanti, il *Concordia*, a fare due chiacchiere?»

Il Concordia? Il *Discordia*, al massimo., pensò Iulei.

Poi puntò lo sguardo verso l'insegna del bar che per tutti quegli anni aveva avuto davanti al muso, il bar di cui prendeva in giro i clienti tutti inamidati. Bar dentro al quale non era mai voluto entrare. E di cui era convinto, appunto, il nome fosse Discordia. Aguzzò lo sguardo, mise ben bene a fuoco e vide l'insegna, grande e tutta infradiciata, che portava il nome di "Concordia", rosso su bianco. Da pazzi, eppure era stato convinto per tutto quel tempo che il nome fosse un altro. I sensi fallaci così come la memoria, a questo punto! Magari aveva cambiato nome proprio quel mattino? Può darsi.

Tentò di sembrare naturale, di non mostrare la sua perenne confusione mentale. Dunque disse solo: «certo, andiamo.»

Si incamminarono. E fu attraversando la strada, con la pioggia che gli bagnava il volto e i capelli, dietro a Letizia che, avidamente, teneva il proprio ombrello sopra la testa lasciando lui in balia dell'acqua, che si chiese che cosa ella volesse da lui. Non gliel'aveva ancora detto. Perché aspettare? E poi, di quale cartello stava parlando? Avrebbe dovuto guardarlo, prima di seguirla, ma si era distratto. Pensò di poterlo fare in quel momento.

Si fermò dunque, temerario, incurante della pioggia, del freddo, di Letizia e delle macchine che volevano passare, in mezzo alla strada, volgendo lo sguardo all'edicola. Ma per quanto si sforzasse il suo sguardo non riusciva a vincere la distanza che li separava e la giornata così cupa e spenta. Un bagliore quasi solare gli ricordò di trovarsi in mezzo alla strada, una Clio nera aveva inchiodato davanti a lui e suonava all'impazzata. Letizia, davanti all'uscio del bar, urlò: «ehi, ma che stai facendo?! Vieni, che entriamo! Non stare a prender freddo e pioggia per nulla.»

Lanciò uno sguardo di sfida al tizio in macchina, tirò due colpi di tosse secca, poi a passo lento e noncurante si diresse verso il bar, calpestando foglie bagnate e incollate all'asfalto e piccole pozzanghere.

Il cartello l'aveva visto. Aveva capito, ora sapeva a cosa andava incontro. Sentì rabbia. Il suo odio per il prossimo si fece ancor più vivo. Maturò un senso di menefreghismo per quella falsità che lui e Letizia andavano tirando su. Che senso aveva doversi piazzare in quel maledetto bar a parlare, quando bastavano due parole per metterlo al corrente di tutto? Letizia voleva solo pararsi il culo, era ovvio. Giusto per poter dire a se stessa che comunque la notizia, per quanto pessima, gliel'aveva riferita con delicatezza. Le pessime notizie si digeriscono meglio davanti ad un caffè, si sa. Si sedettero, il bar era caldo e la pioggia tamburellava sul vetro delle finestre. Letizia aveva tolto giubbotto, sciarpa e cappello e dava sfoggio della sua naturale bellezza. Andava verso i sessanta e in cuor suo sentiva la giovinezza di quando ne aveva venti. Le rughe sul volto non erano nascoste dal trucco e le mostrava con estrema fierezza, conferendole molta eleganza.

Iulei si sentiva a disagio all'interno di quel locale, le immagini della serataccia avuta quella notte ancora lo tormentavano. Ma restava calmo.

Poco distante da loro c'era un tizio seduto al proprio tavolino con un bicchiere di bianchetto davanti, le bollicine salivano e scoppiettavano. I caffè vennero serviti. Nel bar entrò anche il don della chiesa settecentesca che stava in piazza. Era alto e veramente molto grasso. Con una pelata importante e la barba che per qualche strana ragione si lasciava crescere solo sotto il doppio mento. Si recò al bancone e ordinò un goccio, che sia un goccio, eh, di grappa. Lo ingurgitò e rimase lì allaccato a smicciare la gazzetta dello sport. Il suo atteggiamento mostrava una rotonda supremazia anche solo nello starsene in piedi a leggere, con la sua postura da gradasso. Lo si notava da come teneva i piedi. Quello destro avanti, il peso su tutta la pianta e il ginocchio un po' piegato. Quello sinistro steso dietro di sé. La parte superiore del corpo accasciata quasi interamente sul bancone in granito. Di tanto in tanto alzava il braccio per ficcarsi di nascosto il mignolo nel naso. Il bicchierino della grappa l'aveva fatto portare via subito dal barista, una volta svuotato, per salvare le apparenze con chi l'avesse visto lì. Il don non era certo uno che si ubriacava al bar, si concedeva solo qualche goccio al giorno, niente di che. Pensare che quel viscido aveva addirittura scritto un libro. Oggigiorno quando non sai che fare della tua vita scrivere uno stramaledetto libro è il consiglio primo. Anche se poi nessuno lo leggerà, tu comunque potrai utilizzare la scusa che i giovani d'oggi non leggono più.

Intanto era entrato anche il tipico pazzo di città che naturalmente conosceva chiunque fosse in quel maledetto bar. Era smilzo e con una scopoletta rossa in testa. Salutò animosamente il tizio col bianchetto, il don, e una coppia che beveva coca. Quel tale infastidiva Iulei. Era rumoroso, manesco, troppo arzillo. Probabilmente si era già fatto un paio di volte, schiavo dell'eccesso. Riempiva di domande tutti i suoi conoscenti del bar, chiedendo loro qualche parere sul partitone mega rubato dove l'arbitro era palesemente un venduto e se ci fossi stato io avrei fatto questo, quello, eccetera. E puntualmente, appena qualcuno apriva bocca, lui non lo ascoltava e diceva la sua. Si annoiava ad ascoltare gli altri, e comunque le cose da dire sono sempre le stesse, sul calcio. Che cambiava se le diceva uno o l'altro? C'era già lui che faceva per tutti. Era frenetico, non se ne stava fermo un secondo e l'emicrania di Iulei si faceva più forte. Aveva bisogno di una sigaretta, anche due, ma non era il momento. Vi fu nuovamente pace quando d'un tratto, mentre quel piccoletto parlava di qualcosa che sapeva solo lui, se ne uscì dal bar e se la filò dritto per chissà dove. La coppia che beveva coca scambiò un paio di opinioni sulla faccenda col tizio del bianchetto. Iulei non li sentì, Letizia gli aveva fatto una domanda, doveva rispondere.

«Hai capito quello che voglio dire, caro?» chiese ella.

Naturalmente si riferiva allo sfratto dall'edicola. Sì, il cartello che aveva visto appeso alla saracinesca della sua bara cubica era un annuncio di affitto, con annesso numero di telefono della proprietaria. Letizia, per l'appunto. Dallo sproloquio che quella gli aveva blaterato davanti, Iulei aveva solo captato un paio di accuse che riguardavano la mancanza del pagamento dell'affitto e altre robe burocratiche che in genere non ci si capisce nulla, riempite di paroloni a casaccio quando basterebbe giusto dirti che sei fottuto e sono fatti tuoi. Ora lei si aspettava una risposta in cui in genere serve mostrare compassione e dare motivazioni. Iulei prese dunque parola.

«Ho capito, non serve che ripeta. Nell'ultimo periodo ho avuto un po' di confusione, ma ora sto molto meglio.»

«Sono contenta di sentirtelo dire. Ma, caro mio, non hai pagato l'affitto negli ultimi quattro mesi e la cauzione l'hai già terminata.»

Era sempre così carina con lui, ma in modo fasullo. In modo ipocrita. Una di quelle che ti sta fregando ma da davanti ti sorride. Iulei la detestava e certamente ora non poteva permettersi di abbassare la guardia. Si sentiva sprezzante e così si voleva comportare.

«Non può dimostrarlo.» disse Iulei.

«Sì che posso, e lo sai. Senti, io vorrei limitare al massimo i danni. Quindi se vuoi facciamo che mi paghi i mesi restanti che mi devi, più una parte di interesse, e la chiudiamo qui. Io ti voglio bene e non voglio che tu finisca male, caro.»

Quando la smetterà di chiamarmi "caro"?, pensò.

Poi disse: «certo, ci penserò. E comunque, faccia pure ciò che vuole con quella edicola. Tanto ormai sono più quelle che chiudono di quelle che aprono, si ritenga fortunata se riesce a venderla per uno di quei cosi nuovi che ci sono adesso con le guide turistiche e il resto. Buona fortuna.»

Così dicendo uscì dal bar, lasciando il don con il suo terzo bicchierino di grappa, il tizio col suo perenne bianchetto e la coppia con il loro inutile gossip. Aveva addirittura lasciato sul tavolino i soldi per il caffè che alla fine si era anche dimenticato di bere. Pensò che averlo fatto gli avesse conferito molta classe. Si congratulò con sé stesso per essersi ricordato di pagare. Niente da dire, aveva fatto un figurone. Ma che fare, adesso? Sicuramente aveva sbagliato a non pagare l'affitto, ma se ne era dimenticato! Era convinto di averlo fatto, e invece no. Da restarci matti. Quando capitano queste cose non sai come comportarti. E se lei avesse mentito? Se il suo piano fosse proprio quello di succhiargli via altri soldi? Ne sarebbe capace? Tutto gira intorno ai soldi, c'è proprio poco da fare. Quando c'è di mezzo lo sporco denaro, gli amici, i familiari o i conoscenti in generale, sanno dimostrarsi le prime canaglie capaci di fregarti.

Be', constatò che poteva anche evitare di cercarsi un altro lavoro, e oltretutto una parte di lui era contenta di non dover tornare in quell'edicola. Poi per vivere aveva i soldi dei suoi genitori, ancora. A dire la verità aveva anche qualche risparmio personale. Avrebbe potuto benissimo continuare la sua vita come l'aveva vissuta per tutto quel tempo senza troppi problemi. Ma ne valeva la pena?

Percorreva il marciapiede della sua via, a ripararlo dalla pioggia il soffitto cadente del porticato sopra di lui. Non che cercasse riparo, a dire la verità. Ma quella via sapeva darti ciò che non sapevi di volere. Una sigaretta gli penzolava dalla bocca, il fumo gli finiva in volto. Camminava lungo l'umido marciapiede grigio a passo svelto, calpestando grandi foglie marroni cadute per l'autunno. Aveva l'abitudine di camminare molto quando le cose si mettevano male, lo aiutava a pensare, e in quel momento ne aveva bisogno. Dunque camminava avanti e indietro senza l'intenzione di fermarsi.

È davvero estraniante perdere la memoria, dimenticare eventi o scoprire di essersi comportati diversamente da come si crede. Eppure può accadere, di tanto in tanto, alcune volte con conseguenze disastrose, e altre volte senza conseguenza alcuna. Superò un alto acero spoglio, passò davanti a bar aperti per la colazione e vide persone tutte di fretta che correvano cercando di non beccarsi l'acqua e svelti si infilavano dentro le loro macchine o case sicure con un solido tetto pronto a proteggerle. Passò davanti al bar "La Cervogia", chiuso, e lo maledisse a denti stretti.

Una donna tutta coperta con berretto e giubbino bianchi prese la sua attenzione. Aveva gli occhi scuri come il cielo. Era una senzatetto che si riparava dalla pioggia e teneva le mani a giumella chiedendo elemosina. Iulei ravanò subito nelle tasche e le diede ciò che aveva, sorridendo; sorrise anche lei, di rimando. Diamine, non se l'aspettava. Era abituato al fatto che in genere alla gentilezza la gente rispondesse con il suo contrario. Quindi, per abitudine, lo faceva pure lui. Quella donna aveva sorriso per la gentilezza dimostrata da lui, non per i soldi. E così facendo gli aveva dato qualcosa a cui non era abituato.

Ma che bella, quella via! Era capace di sorprenderlo sempre, facendogli odiare tutto e tutti ma, di tanto in tanto, facendogli anche apprezzare le piccolezze della vita. Come quando era bambino e la lavanda profumava l'aria. Quella mattina accadde un altro evento. Un miraggio, forse.

    Stava tornando a casa, camminando a passo lento e sicuro sotto la pioggia. Ma a qualche metro di distanza da casa sua si bloccò. Vide un lampione alto e nero che emetteva una forte luce squarciando il buio di quella mattinata così buia e cupa. Illuminava il marciapiede bagnato lì sotto, una parte del giardino di casa sua, l'alto cancello grigio in ferro battuto e poi una figura insolita, che non ci sarebbe dovuta essere. Un errore di sistema, una chiazza nera. Una sagoma magra vestita di un lungo impermeabile sotto un ombrello rosso. Iulei aguzzò lo sguardo e vide che la figura, con la mano protesa davanti a sé, suonava senza tregua il campanello di casa sua. Pareva essere impaziente, muoveva le gambe come chi attende da molto e vuole sbrigarsi. Dunque doveva essere lì da un po', da quando Iulei era uscito, probabilmente. Ma chi diavolo era? Gli venne in mente Francesco, ma scartò subito la possibilità, la stazza non era quella e non è tipo che ti cerca in casa così, lui sapeva sempre dove trovarlo, era uno intelligente.

    Per la paura si inguattò subito dietro ad una parete e guardò le spalle strette di quella figura. Decise di attendere lì dietro finché non se ne fosse andata. Non sarebbe rimasta lì per sempre, pensava Iulei, prima o poi dovrà arrendersi e andar via, per forza di cose, a meno che non sia matta.

    Magari era un postino che lo cercava per chissà cosa, per quelle cose per cui ti cercano di solito: robe che devi pagare, firmare o simili. No, non poteva essere, non aveva la divisa o la solita moto. Chi diavolo era, allora? E cosa voleva da lui? D'un tratto Iulei vide la figura ficcarsi una mano in saccoccia e tirarne fuori un mazzo di chiavi con mille gingilli simile al suo. La guardò inserire una chiave nella toppa del cancello e aprirlo. La vide guardarsi attorno poco prima di entrare. E fu quando si girò verso la direzione di Iulei, poco prima di muovere il primo passo verso il giardino, verso il punto di non ritorno, che egli riconobbe il volto di quella figura illuminato chiaramente dal lampione sopra la sua testa.

Vide Miranda, sua sorella, entrargli in casa.

Lo spettro di sé stesso
(E i fantasmi del passato)

Note di vita, via nella notte

La vita va avanti e tutto scorre, come un fiume. Alle volte forte, altre volte tranquillo, ma sempre tenendo dentro di sé tutto quanto lo abbia colpito durante quello scorrere. Quella via era spenta, era piena di luci. Quella via era piena di gente, a volte. Altre volte era vuota, nuda. Quella via era capace di dare e di prendere, quante vite perse, in quella via! Quanti amori sbocciati. Quante scelte prese e quante ignorate. La cosa più importante restava avere la forza di riuscire a rimettersi in piedi. Iulei ce l'aveva?

Erano due settimane che, durante il giorno, se ne stava arroccato dietro l'edicola a dormire in mezzo ai cespugli e ai suoi mozziconi di sigaretta, gettati nel corso degli anni. Di notte sbucava fuori come un ratto, per vedere la luce. Sì, perché sua sorella, occupandogli in tal modo inaspettato casa, aveva anche avuto la splendida idea di spalancare le imposte, dopo chissà quanti anni che erano rimaste meticolosamente sbarrate. Solo che ella aveva questo vizio di non chiuderle mai. Dunque la sera, o la notte, Iulei sbucava dal retro, si piazzava a gambe incrociate davanti casa sua, in mezzo alla strada, e osservava le finestre coperte solo dalle tende, tramite le quali vedeva le luci delle varie stanze accese e la sagoma di sua sorella che faceva avanti e indietro per le stanze.

Di tanto in tanto Miranda aveva i capelli castani raccolti in una coda, altre volte se li legava a cipolla sopra la testa. Alcune volte camminava molto lesta e altre volte pareva mezza morta, con il passo strisciante e la schiena curva. Spesso la osservava con la mano all'orecchio mentre blaterava al ricevitore del telefono ore e ore con chissà chi. Iulei non rischiava alcun tipo di chiamata, il cellulare non ce l'aveva più, per fortuna. Una volta giurò di averla vista piangere da sola. Ma solo una volta, in genere passava il tempo a pulire e ballare eccetera. Ok, serve dirlo: Miranda aveva senz'ombra di dubbio dato nuovamente vita a quella casa. Di tanto in tanto la si sentiva anche cantare, e pareva che le mura dell'edificio prendessero vita! Cantava sotto la doccia o mentre passava da una stanza all'altra; e che voce, ragazzi. Spesso cantava di sera, svegliando Iulei appostato là, dietro l'edicola ancora chiusa. E l'ascoltava amorevolmente, gli pareva di tornar bambino, quando si svegliava la mattina e la sorella era già sveglia e, tutta indaffarata, intonava qualche nota così alla svelta, mentre provava un vestitino o un altro. E poi c'era 'sto fatto della pittura. Iulei aveva notato che spesso di notte Miranda passava ore a dipingere. L'aveva vista un pomeriggio portare i pennelli, le tele e il treppiede su in casa.

Che creativa! Niente a che vedere con Iulei.

Si immaginava come potesse essere l'interno della casa con sua sorella e il suo sfarzo a riempirne le stanze. Immaginava le pareti ricche di grandi tele e dipinti colorati, vedeva bene nella sua mente gli spartiti gettati qua e là.

Vedeva la luce del sole a penetrare il buio e l'umidità e irradiare di luce la casa anche durante le ore notturne. Sì, perché Iulei aveva questa cosa in testa di immaginare Miranda splendere perennemente di luce propria, come un sole.

Immaginava il parquet senza più le macchie di vino rosso, e la sua scacchiera lasciata in qualche scrivania a prender polvere. Diamine, la scrivania in ufficio! Là dentro, in un cassetto, c'era il suo maledetto libro, quello orribile e che si era pentito di aver scritto. Pregava che Miranda non lo trovasse, altrimenti sai la vergogna! Altroché le macchie di vino e tutto lo sporco, quello era peggio, era uno scheletro nell'armadio che serviva tenere nascosto, era l'emblema dei suoi fallimenti. Oh, diamine. Se la immaginava mentre ficcava il naso ovunque, tra i suoi affari. Creava scompiglio, sfogliava i suoi fogli, li leggeva e li derideva.

Di andare da lei non se ne parlava. Se non l'aveva fatto il giorno in cui l'aveva vista suonare al campanello non l'avrebbe certo fatto a distanza di settimane, si sarebbe vergognato troppo. Cosa avrebbe inventato per giustificare la propria assenza?

Si era comportato come un vigliacco e non c'era più rimedio a ciò. Tuttavia sparire per sempre non aveva senso, dunque decise che finché non gli fosse venuta un'idea se ne sarebbe rimasto fuori, vivendo sulla strada, come aveva sempre voluto. Solo che questa idea non gli veniva e rischiava di starsene chiuso fuori casa per tutta la vita. Il pensiero di passare il resto dei suoi giorni fuori casa non lo turbava, quella era la vita che aveva sempre voluto fare, così facendo avrebbe vissuto senza più impegni, orari, soldi, tasse.

Ma iniziava a confondersi, i giorni parevano tutti uguali ed estranianti, e una notte arrivò a domandarsi se non fosse morto. Questo fatto di comportarsi come uno spettatore della vita di sua sorella lo aveva un poco confuso, e da quel giorno iniziò a smicciare compulsivamente i necrologi in giro. E puntualmente il suo nome là non c'era mai. Certe volte ne era contento e sollevato, altre volte anelava la morte. Perché, vedete, lui *era* morto. O almeno così si sentiva, capite? Oh, che disperazione, che tragedia stava avvenendo in quella via! E i passanti all'oscuro di tutto.

Così dev'essere.

La verità è che aveva una paura e vergogna viscerale nel guardare negli occhi sua sorella. Lei lo lasciò solo, tanti anni prima. Lo lasciò proprio nel momento in cui, si era convinto, aveva avuto più bisogno di lei. Se ne andò insieme al suo futuro marito in una grande e prospera città, dove avrebbe avuto modo di far conoscere la sua arte e di vivere la sua vita. Aveva già un progetto là: un ufficio che avrebbe adibito ad atelier per le sue opere. Suo marito la sosteneva e lei era entusiasmata al pensiero di vivere la vita che aveva sempre sognato. O almeno così ricordava.

Iulei era giovane, all'epoca, solo. Inveì contro di lei, la odiò. Le riversò tutta la sua rabbia addosso, in un momento di pazzia. Si sentì abbandonato da tutti e a quell'abbandono non riusciva a dare un senso concreto o una vera e propria ragione. Solo odio e rabbia.

Non riuscirono mai a chiarirsi per bene, nel corso di quegli anni. Iulei la perdonò, arrivò a capire che la colpa non fu sua e che le cose dovevano andare così. Ma di vederla, proprio, non ne aveva voglia. La ferita non si era ancora rimarginata del tutto, e sentiva che se avessero parlato non si sarebbero detti la pura verità dei fatti. O almeno lui non l'avrebbe detta. Non le avrebbe detto che, da quando era rimasto solo, la propria decadenza personale era peggiorata e governava la sua vita, non ne aveva il coraggio. In più le ingiurie che le aveva sputato addosso la mattina in cui tutto andava in malora se le ricordava bene e se ne vergognava come non mai. Lei cercava il suo appoggio ma lui non glielo diede.

Provava ancora paura e vergogna, dunque. Non era il momento giusto per chiarire, certo che no. Presto o tardi sarebbe andata via dalla sua dimora e poi Iulei avrebbe avuto il tempo di pensare a cosa fare per sistemare le cose, serviva solo aspettare.

Solo che aspettò tanto da perdere completamente il conto dei giorni.

Una sera come tante si trovava, come al solito, a gambe incrociate in mezzo alla strada davanti a casa, e guardava le finestre illuminate. Miranda stava dipingendo, com'era aggraziata la sua sagoma! Quando lasciò il pennello e spense le luci, gli occhi di Iulei videro la notte. Era andata dormire. Si alzò da terra, era pronto ad andarsene da lì, aveva fame. In tutti quei giorni era riuscito a mangiare grazie ai soldi che gli erano rimasti nel portafoglio, solo che stavano finendo. Il pin del bancomat se l'era dimenticato tanto tempo prima, o forse non l'aveva mai saputo. Ecco, per l'ennesima volta tradito dalla propria memoria e dal dio denaro.

Eppure, nonostante tutto, stava bene, disperso in quella via. La sua vita era cambiata da un giorno all'altro, ma la sua via era rimasta la stessa. La sua via non lo giudicava se non aveva soldi, non lo sfrattava per un mancato pagamento. Amata via! Unica costante della sua vita.

Lasciò la sua postazione, dunque, e iniziò a camminare in mezzo alla strada, in zona neppure un passante o una macchina. Aveva le mani nelle tasche dei pantaloni neri e deambulava nella strada in totale spensieratezza. Il tacco martellava ad ogni passo, le cinghie degli stivali picchiettavano tra di loro. I lembi dei larghi pantaloni adagiati sopra gli stivali sfregavano al contatto l'uno con l'altro. Il cammino si mostrava come una sinfonia, alle sue orecchie. La notte il suo ambiente e la strada il suo palco. Le proprie orecchie il pubblico. Una foglia calpestata di tanto in tanto produceva quella nota nuova e inaspettata, come un refuso di scena che, con la sua imprevedibile presenza, andava solo ad abbellire la sinfonia dei suoi passi. Il vento fischiava e lui pure. Un duetto necessario.

Alle volte alzava lo sguardo da terra e si guardava intorno. Osservava la luce degli alti lampadari, i bar e i ristoranti tutti chiusi, le case della gente che si era rintanata per la notte. Beata solitudine! Quant'era bella la sua via nella notte. Calciava qualche sassolino, passava dal buio totale della notte alla luce di qualche lampione. Non si era mai sentito così libero. E nonostante nel corso degli anni avesse percorso quella via migliaia di volte, non gli era mai capitato di viverci per così tanto tempo di notte, ad esclusione della sera in cui dormì sulla panchina. Si sentiva protetto dall'oscurità, si sentiva parte di essa.

Oh, eccolo lì. Il figliol prodigo, l'esatto riflesso di quel che vive e vede. Eccolo, vittima di sé stesso e dei suoi eccessi, invaso dalla paura e dalla rabbia repressa. Quanti come lui, troppi! Vivono la loro vita da spettatori, vittime di loro stessi, timorati delle loro stesse azioni.

Vagava senza meta in quella via, cercando il coraggio di affrontare sua sorella. Miranda pareva non volersene proprio andare e lui aveva finito le sigarette. L'intenzione era quella di spendere gli ultimi pezzi di carta colorati per comprarle, rinunciando così alla possibilità di procurarsi con essi altro cibo. Ci pensò un poco su e poi decise di volerle comprare in quell'esatto momento, decise di spendere quegli ultimi soldi per la sua piccola dipendenza. Sentiva che fumare gli avrebbe conferito più pace e che avrebbe affrontato al meglio lo scorrere dei giorni, ormai si era rassegnato al fatto che sarebbero stati ancora molti. Il cibo l'avrebbe trovato senza problemi in altri modi. Dannato denaro. Fece per dirigersi verso una di quelle macchinette automatiche funzionanti anche di notte, ma qualcosa glielo impedì. Il suo ritmico cammino venne interrotto da un abitante della notte, emerso dal marciapiede accanto a lui, che gli rivolse parola. Era calvo e ossuto, la sua voce un lamento.

«Gira i tacchi, fottuto turista!» disse quello, urlando.

Il nostro sobbalzò. «Cosa?» rispose, rivolto verso il buio, puntando lo sguardo là dove aveva sentito provenire l'ingiuria.

«Fottuto turista.»

«Non sono un turista.»

«Ah no? Ho frainteso. Sai, questo posto si riempie di turisti del cazzo in estate.»

«Ma non è estate.»

«Be', lo era qualche luna fa. Senti, devi scusarmi, ok? Si tratta di una semplicissima abitudine, chiaro? A vivere per strada si perde il diavolo di conto dei giorni. Non serve farne una storia. Però non invadere il mio spazio, o non sarai tanto diverso da quelli che non vedono mai la linea.»

Iulei gli si volle avvicinare, salì sul marciapiede e andò verso il piccolo ammasso di rifiuti dentro il quale quel tale probabilmente viveva. I rifiuti formavano una specie di fortino.

Non vide nessuna linea, glielo fece presente e quello rispose, tutto agitato: «che, sei tocco per caso?! Come fai a non vederla? È qui!» a quel punto si alzò dal suo trono, formato da una risma di cartoni piegati e accatastati l'uno sopra l'altro e un carrello della spesa dietro che fungeva da schienale.

Iulei pensò che dovesse essere scomoda, come seduta.

Fissò il tale negli occhi, quello lo guardava con fare di sfida. La faccenda si era fatta seria.

«Questa!» disse, «questa fottuta linea!» indicò una catena di sassolini sistemati ad arco affinché fungessero da chiusura tra il mondo esterno e il suo fortino. Quei sassi erano davvero piccoli e gli stivali di Iulei sfioravano i suddetti di davvero poco.

«Ah!» disse il nostro. «Certo, questa linea. Ti rendi conto, vero, che sono solo sassi?»

«Questi sono sassi con un fottuto scopo! Sorpassali e ti svegli freddo, chiaro? I confini esistono da sempre, anche meno chiari della mia fottuta catena di sassi. Non faccio niente di nuovo, mi tengo solo stretto ciò che è mio.»

Ci teneva al suo spazio, e questo era chiaro. Doveva averci impiegato molta cura nel costruire quel fortino. Due reti da letto una accanto all'altra formavano la parete lato ovest. Il lato est era formato da due spesse lastre di legno. Davanti aveva messo, affinché fungesse da porta d'entrata, l'imposta di una finestra trovata chissà dove. Il soffitto era improvvisato con un telo. L'interno era ok: un materasso bucato, alcune riviste, e il suo trono fatto di cartoni.

«È sempre una questione di confini, con la gente. Ma i confini ci hanno portato al mondo che oggi viviamo, e non è che sia un gran che.» disse Iulei.

Il tale era strano, aveva il viso rosso e le vene sulla fronte in procinto di scoppiare da un momento all'altro.

«Sto solo proclamando una piccola fetta di terra.»

«Da questo nascono le guerre.»

«Già, fottute guerre. Le odio. Senti, mi stai simpatico, ti va del whisky?» chiese l'altro, guardandolo come come stesse facendo una domanda molto seria.

Iulei pensò che di sete ne aveva, ma di fame il doppio. Pensò che se avesse accettato avrebbe infranto la propria promessa di non bere mai più a stomaco vuoto. Però sentiva di non poter rifiutare, era da tanto che non toccava alcol. Il cibo si sarebbe messo a cercarlo dopo, avrebbe sicuramente trovato qualcosa. E poi, prima di cercarlo, si poteva anche concedere una piccola bevuta, non avrebbe fatto male a nessuno.

Dunque disse: «se mi lasci oltrepassare la tua catena di sassi sì.»

Quello ci pensò su. Si era rimesso a sedere e adesso con una mano si grattava il mento mal rasato. Aveva molti tagli che gli coprivano le labbra e le guance. Pareva che nonostante vivesse sulla strada ci tenesse comunque a radersi: ultimo barlume di un passato retto e civile. Rimase lì, seduto, pensoso, a riflettere sui pro e sui contro della scelta che stava andando a compiere, impiegandoci anche fin troppo tempo. Tanto che Iulei dovette attirare nuovamente la sua attenzione, affinché il tale si ridestasse da quello stato di infinita meditazione.

Riprese piena coscienza di sé, guardò Iulei e disse, corrugando le spesse sopracciglia in un'espressione insensatamente arrabbiata: «d'accordo, puoi passare. Ma solo per questa notte, ok? Solo perché è tanto tempo che non mi bevo del whisky con qualcuno.»

«Saggia decisione.» disse Iulei, dopodiché gli si sedette accanto. Il tale sul suo trono, lui a terra. Standogli più vicino notò la fatiscenza dei suoi abiti, che poi non erano tanto diversi da suoi. Aveva le mani distrutte, piene di tagli e senza più le unghie. Era rimasto con solo una manciata di denti, in bocca.

Diciamo che Iulei aveva visto sorrisi migliori, in vita sua.

«Sai come si dice, no?» disse il tale, «chi non beve in compagnia non può stare in questa via.» ci pensò su, poi riprese: «era così, vero?»

«Più o meno. Mi passi la bottiglia?»

Quello gliela passò: «to' pija.» Iulei ingurgitò subito il liquido, e gli bruciò la gola. Cavolo, era proprio forte quel whisky. Bevvero l'intera bottiglia senza usare i bicchieri. Al diavolo le buone maniere! Si attaccarono direttamente al collo, parlando un po' di tutto, tra una sorsata e l'altra. Il tale si era dimostrato un grande oratore. Iulei si sentì meglio con la presenza di un'altra persona nella sua vita, in quei giorni così solitari. Non che non fosse abituato a stare solo, ma nell'ultimo periodo si sentiva altamente disperso. Quel tale gli aveva ricordato di esistere, di non essere un misero spettatore.

Fino a quando, ad un certo punto, il nostro si accorse di non sapere il suo nome. Dunque glielo chiese.

«Il mio nome?» rispose quello, biascicando per il troppo whisky. Il suo volto si era arrossato di più, le pupille erano tanto dilatate che parevano buchi neri. «Corrado.»

«Ah, Corrado.» rispose il nostro, biascicando. «Non ti facevo tipo da Corrado. Non ne hai il volto.»

«Hai ragione, i Corrado in genere sono proprio brutti, io no, eh, ah-ah!» si perse in una risata, battendosi la mano sul ginocchio. Poi disse: «e tu com'è che ti chiami, bello?»

«Iulei.»

«Iulei? Ma che cazzo di nome è?»

«Il mio nome.»

«Ah, certo, chiaro. È che non l'ho mai sentito un nome simile, capisci no? In genere la gente porta nomi comuni e stupidi, ma Iulei proprio non l'ho mai sentito. Be', comunque, Iulei, altro whisky ti va?» chiese, tirando fuori una bottiglia nuova.

«Perché no?» a mangiare ci avrebbe pensato dopo.

Quei due bevvero tutta la notte, parlando e urlando in mezzo alla strada, disturbando i sogni di chissà quanti. Il whisky era buono, scendeva bene e conferiva la tipica sensazione di finto calore che invade tutto il corpo e fa stare bene. I due stavano correndo in quella via spensierati come mai prima di allora. Si abbracciavano, si dicevano segreti di vita. Corrado si era dimostrato quel genere di persona che appena beve ti dice tutto del suo vissuto. D'un tratto, in un momento di scellerata follia, Corrado gli disse una roba specifica. Una di quelle robe che si dicono da sbronzi marci e che lì per lì si crede siano per sempre. Aveva le gote rosse, gli occhi neri non gli stavano fermi un attimo. Urlava e biascicava. Era ammattito del tutto, non c'è altro da aggiungere. Prima di dire quella roba si fermò di botto sotto un lampione, le stelle nell'alto cielo si intravedevano appena.

Poi, tutto serio e con un tono di voce fin troppo alto, disse a Iulei: «sai… sai cosa penso?»

«No, cosa?» chiese Iulei, ridendo senza una ragione ben definita.

«Penso che... fanculooo! Fanculo i confini! Al diavolo. Ho perso tuuutto per quei confini. Il mondo è pieno di persone bellissime, come me e come te. Vivrò per scoprire, tutto il mooondo sarà casa mia. Oltrepasserò confini, così come tu hai fatto con me e scoprirò cose nuove!»

Corrado volle abbracciare per l'ennesima volta Iulei. Si sentiva pieno di amore per il prossimo e non riusciva più a contenerlo, il whisky, durante l'abbraccio, ce l'aveva ancora in mano. Lo tirò su in segno di brindisi.

«Viaggerò, tu verrai con me?» riprese Corrado, con il braccio proteso verso l'alto e con la bottiglia che penzolava dalla mano come bandiera dell'amicizia.

Il nostro accarezzò l'idea. Scappare da tutto era facile, avrebbe potuto filarsela e non farsi mai più vedere, addio problemi. Ma no, non poteva lasciare tutto, scappare ancora. Si sarebbe sentito un vigliacco per tutta la vita. «No, non posso. Ho ancora qualche conto in sospeso qui.» rispose soltanto.

«Allora promettimi che non farai come me! Che non ti chiuderai in te stesso e che te ne andrai, quando avrai sistemato le cose. Questa città è come una prigione, non farti incastrare. Ora vado. Addio, amico.»

Iulei rispose facendo cenno di saluto con la testa, non era bravo con gli addii.

Corrado se la filò e lui lo guardò mentre si allontanava con passo barcollante per quella via. Un'altra persona che se ne andava, che spariva dalla sua vita. Era stata una breve presenza ma con una forte carica emotiva. Tentò di non pensarci troppo e se ne andò anche lui, verso il suo giaciglio, nel retro dell'edicola. Aveva bevuto troppo e gli girava la testa, non riusciva a stare dritto. Inciampò anche, un paio di volte. Una sigaretta sarebbe stata molto utile in quel momento, ma non ce l'aveva, non le aveva acquistate, alla fine. Arrivato a destinazione sistemò un poco di foglie sul pavimento, calciò via qualche vecchio mozzicone gettato da lui stesso e dolcemente si assopì, lasciandosi andare ad un sonno ubriaco, poco prima che il sole reclamasse il proprio posto nell'alto cielo.

Tempo un paio d'ore e una dolce sinfonia prese spazio tra i suoi sogni. Miranda si era svegliata e stava cantando, mentre vagava tra una stanza e l'altra tutta indaffarata. Iulei si lasciò cullare dalla sua voce, così come faceva quando erano bambini. Sognò lei, Giulia, Mirco, Simoncino, Arturo e Ettore. Tutti quanti vivaci e contenti su quel prato verde, a contare le stelle e guardar le nuvole.

Quella sinfonia lo riportò a quel luogo nella sua mente, di quando tutto andava bene e la cosa più importante era incontrare i suoi amici. Era entrato nuovamente in quella stanza.

E se quel giorno qualcuno fosse passato davanti alla zona del fortino di Corrado, non vi avrebbe trovato alcun accampamento e nessuna catena di sassi. Il confine era ormai svanito, i sassolini erano sparsi alla rinfusa per tutto il marciapiede. Peccato che, con tutto il daffare che aveva la gente, nessuno avrebbe prestato la minima importanza all'avvenimento, nessuno si sarebbe accorto dell'abitante della notte ora svanito nel nulla. Nessuno avrebbe saputo della sua ascesa personale. Il fatto era destinato a vivere solo ed unicamente nella testa di Iulei: un vagabondo con la memoria corta.

Quella via sorprendeva, come la vita. Tra gente che andava e veniva, con ognuno che al proprio passaggio lasciava un pezzo di sé. E per quanto taluni si convincessero di conoscerla in ogni suo lato, indugio e pertugio, quella se ne usciva con qualcosa di nuovo e inaspettato, capace, ancora e ancora, di sorprendere come poche cose.

Iulei aveva dormito tutto il giorno, e al suo risveglio si era fatta di nuovo sera. In più sentiva i postumi. La notte prima si era divertito, non c'erano dubbi. Ma serviva pagarne il prezzo. Non vi fu il canto di Miranda a svegliarlo, non vi fu nulla di anche solo lontanamente confortevole in quella giornata di sonno, durante la quale dovette ficcarsi ancor di più sotto i cespugli, per la luce del sole che gli bruciava le cornee. Dovette tapparsi le orecchie a causa dei suoni che gli arrivavano amplificati a forargli i timpani, e girarsi e rigirarsi per non sentire i conati di vomito. Si disse che mai più avrebbe bevuto così tanto, che mai più l'alcol avrebbe rovinato il proprio scorrere dei giorni. Lui era il padrone della sua vita, non l'alcol.

Si alzò, ancora barcollava. La testa era vittima delle atomiche. Andò alle finestre e non vide luce. Era solo, Miranda già dormiva. Deambulò per la sua via, per smaltire il whisky. Le sigarette non volle comprarle, il solo pensiero del tabacco gli faceva venire i conati di vomito. In strada non c'era un'anima. Camminava seguendo la linea di mezzeria della strada. Era bianca, come una lunga striscia infinita, come il sentiero, come con le gare in bici. Ad accompagnarlo solo la sua ombra che, come uno spettro, appariva sotto i lampioni, mimava i suoi incerti passi e i suoi movimenti, si ingrandiva sotto i suoi piedi e infine spariva dietro di lui. Deambulando vide un grosso pioppo bianco sul marciapiede e pensò fosse comodo. Ci si appoggiò, non riusciva a camminare, non più. Scivolò lungo il tronco fino a trovarsi col culo sul pavimento, le braccia abbandonate sulle radici fuoriuscite dal terreno. Là rimase, con le formiche tutte indaffarate che gli giravano intorno. Aveva le palpebre pesanti, la testa gli cadeva di lato, sulla spalla. Un rivolo di saliva gli colava dalla bocca giù per tutta la barba.

Quando capì che opporsi all'inevitabile mano avvolgente del sonno fosse inutile, chiuse gli occhi e si addormentò.

Il sonno era leggero, i muscoli gli dolevano molto, lo stomaco era un macello. Bastò un urlo per svegliarlo di nuovo. Aprì gli occhi e notò che era notte fonda. Una luce attirò la sua attenzione, era l'insegna di una pizzeria sul marciapiede opposto a quello in cui si trovava lui. Si voltò, l'urlo era arrivato da là. Il bagliore gli bruciò le cornee, dovette socchiudere gli occhi per scorgere quanto accadesse.

Vide un ragazzo tutto raso con un coltello in mano che minacciava un uomo, il proprietario della pizzeria. Quello non pareva per nulla preoccupato, perlopiù arrabbiato. Addosso aveva ancora il grembiule sporco di farina e pomodoro, una giacca da cucina bianca e vecchie scarpe antinfortunistiche.

«Amico, non fare scherzi con me.» disse imperturbabile al ragazzo.

Il giovane non ci stava dentro, probabilmente non aveva neppure sentito le parole del tizio. Non riusciva a stare fermo, saltellava di qua e di là e alzava senza ragione alcuna il coltello per aria, a pugnalare il nulla. L'alcol che aveva in corpo gli conferiva più coraggio che saggezza. Prese un tavolo e lo ribaltò. Si sentì un duro.

A quel punto l'uomo tirò fuori una pistola dalla tasca

del grembiule. Rise, il ragazzo, sottovalutando, disprezzando la morte. Poi piantò il coltello in una sedia, lo lasciò lì e andò viso a viso dal proprietario della pizzeria, tutto arzillo e con fare di sfida.

«Fallo!» disse, «che aspetti? Spara se hai coraggio.»

L'uomo lo guardò. Era un metro e ottanta, spalle larghe, stazza grossa, da amante del cibo. I suoi capelli erano neri e lunghi da cadergli sugli occhi. Era impetuoso, davanti al ragazzetto, che, di stazza più piccolino dei suoi coetanei, era bravo solo a far chiasso.

«Sparisci da qui.» gli disse l'uomo.

«E tu dammi la roba che mi spetta!»

«Non hai soldi, sparisci.»

«Infame!»

Il ragazzo si girò, sfilò il coltello dalla sedia e glielo piantò in corpo. Fu lesto, l'uomo capì l'accaduto solo dopo essersi trovato il coltello ficcato nella spalla. Schizzò molto sangue, colpendo la parete grigia e vecchia, la giacca da cucina diventò per metà rossa. Nonostante la ferita e il sangue che colava, l'uomo mantenne la calma e colpì il ragazzo in testa con il calcio della pistola. Quello svenne subito. Rapidi due tali rasati a zero uscirono da dentro la pizzeria e presero alla svelta sulle spalle il ragazzo, portandolo qualche isolato più in là.

«Un gasato del cazzo.» disse uno dei due.

L'altro rispose con un ghigno di scherno.

Il pistolero ferito tornò dentro al locale con il sangue che colava sul pavimento e si chiuse la porta alle spalle. Una volta che i due colleghi furono tornati pulirono il sangue e diedero la prima mano di vernice alla parete. Iulei, dall'altro marciapiede, non vide già più macchia alcuna. In poco tempo sia il pavimento che la parete erano già tornati del loro colore. A quel punto entrarono anche quei due, spensero l'insegna e serrarono la porta. Fine, chiuso il sipario. Il buio era tornato a dominar l'ambiente. Amata via, che ti accade durante la notte?

Nell'assistere a quello spettacolino, Iulei non si era sorpreso più di tanto, sapeva da sempre quanto la sua città fosse piena di delinquenza. Aveva solo avuto modo di vedere le due facce della stessa medaglia: il pomeriggio vai a fare acquisti di vestiario con i figli, sorridi e ti diverti. E la notte acquisti polvere bianca che cosparge le strade. Se poi i tuoi figli si sono comportati bene la condividi con loro, ma solo se sono stati bravi, che è roba che costa.

Inoltre aveva già intuito tempo addietro gli affari loschi della pizzeria, e vederli in prima persona aveva solo dato conferma ai suoi sospetti. Ironico pensare che l'indomani famiglie e gruppi di amici sarebbero andati là a mangiare, pestando quel pavimento pregno di sangue non più visibile alla luce del sole.

Accasciato lì, sul pioppo bianco, si sentiva ancora uno straccio da buttare. Il whisky gli era tornato su, arrivando in gola. Si pentì di aver bevuto tal veleno. Era tutto un sali e scendi, un colpo di tosse e un altro, con la gola talmente acida che, ad un certo punto, non resistette più e vomitò là dietro l'albero. E mentre rigettava i suoi succhi gastrici, piegato in due e con il sangue alle tempie, gli venne in mente Francesco, gli mancava da morire. Al tempo stesso, però, sperava di trovarsi il più lontano possibile da lui, così che non lo vedesse ridotto a quel modo. Aveva paura di immaginare che cosa avrebbe pensato se lo avesse visto messo così male e trasandato. Sicuramente l'avrebbe aiutato, ma lui non voleva aiuti, voleva vivere quello che stava vivendo, lontano da doveri imposti e dai soldi. Gli balenò alla mente l'idea di andarsene subito da lì per nascondersi dietro la sua edicola, così da non farsi vedere da nessuno. Ma non trovò le forze per farlo, quel maledetto whisky lo aveva proprio mandato fuori uso.

Dunque non si mosse da lì, si addormentò sotto la luna calante e lasciò che il buio lo occultasse, proprio come occultava ogni scellerata azione di chi viveva nella notte.

Lungo la via, lattea la dea

Le prime missioni spaziali dirette verso Luna portavano il nome *Apollo*. Le prossime porteranno il nome *Artemis*, che è il nome greco di Artemide, dea della caccia, figlia di Zeus e sorella gemella di Apollo.

Iulei sognava, in un certo senso, di partecipare al progetto Artemis, mentre osservava la luna sopra di lui. Erano passati troppi giorni da quando si era addormentato cullato da lei, e gli mancava, un poco. Certo, bastava alzare lo sguardo e quella stava lì. Ma era nulla in confronto all'intimità che avevano raggiunto quella sera, sulla panchina. La raggiunse, quella sera, fu una specie di progetto Artemis. Non so se capite cosa intendo. Be', la raggiunse, ecco tutto.

Alla fine le sigarette le aveva comprate e si era trovato senza più un soldo in tasca. Ma ne era valsa la pena, con i soldi di un pacchetto di sigarette non ci compri un pasto completo, al massimo ci prendi un panino, se aggiungi un paio di monetine. Ma niente di più. Aveva constatato che un pacchetto intero gli sarebbe durato più tempo di un panino e gli avrebbe conferito più pace, dunque le comprò, ricevendo inoltre qualche spiccio di resto. Altroché un panino. Svampava il fumo, mentre teneva il volto inclinato verso la volta celeste, brulicante di luci, e ogni boccata era qualcosa che lo riempiva dentro. Aveva molto da riempire.

Si stava chiedendo, in quel momento, se sua sorella fumasse come lui. Era un quesito che gli bloccava i pensieri. Non ricordava di averla mai vista con una sigaretta in mano, eppure era convinto fumasse. Forse era sempre stata così elegante da non essersi mai fatta vedere fumare davanti agli altri. O forse erano gli altri a fumarle addosso, chissà! Povero Iulei, era solo tremendamente confuso. Tutti quei giorni fuori casa, quella solitudine, quell'alcol a cui non riusciva più a dir di no. Sbuffò una nuvola di fumo che si perse nell'aria. Aveva preso il vizio di rovistare tra i bidoni del vetro per ricavarne qualche goccio tra le bottiglie non finite e gettate là. Era un brutto vizio, certo, ma Miranda ancora pareva non volersene andare e lui non aveva ancora pensato a cosa inventarsi. Bere lo aiutava a non perderci la testa più di tanto. La batosta ricevuta con il whisky qualche sera prima non gli aveva fatto imparare la lezione, a quanto pare.

In quel momento come non mai sperava di vedere all'improvviso il suo nome in uno di quei maledetti necrologi. Com'è che non compariva mai? Probabilmente avrebbe dovuto pagare qualcuno. Certo, se avesse dato dei soldi alla persona giusta quella avrebbe potuto ficcare la sua foto e il suo nome in uno di quei cartelloni. L'epitaffio già ce l'aveva: anche per morire servono i soldi. Tutto era pronto, serviva solo trovare la persona giusta.

Ma chi voleva prendere in giro? Era più attaccato alla

vita lui di una cozza allo scoglio. Aveva solo perso la via, era uscito dai binari e ora stava decadendo sempre di più.

Non aveva piani, per quella sera. Ancora non aveva bevuto nulla e la serata si presentava più lunga che mai. Un gruppo ben fornito di ragazzini festaioli passava per di là, non tanto distante da lui. Avevano la faccia da tipici clienti del *Concordia*. Erano casinisti, urlavano e bevevano e Iulei li scherniva. Poi gli balenò alla mente la sera con Corrado e capì di non esser tanto diverso da loro. Quando furono andati guardò nuovamente la luna. L'avrebbe guardata per tutta la notte? Perché no. Era in mezzo alla strada, le macchine parcheggiate tutte ai bordi. La sigaretta si era tramutata completamente in cenere, teneva ancora il filtro consumato tra le dita. Lo gettò e prese a deambulare lungo la strada. Davanti a sé, in fondo, aveva il mare. Alle sue spalle il centro storico con la grande chiesa che torreggiava imponente. Era un ponte tra fede e natura, quella via.

A forza di scarpinare si trovò davanti al bar La Cervogia. Qualcosa lo aveva attirato là: un pensiero, un ricordo di giorni passati e spensierati non più esistenti nella sua vita. L'insegna illuminava per bene la strada davanti, due lettere erano spente, fulminate: la *o* e la *g*. Vide una ragazza uscire dal retro e gettare qualche bottiglia in un bidone. Era bionda, bianca come il latte. La guardò e capì. Fu improvviso: la nebbia nella sua mente si aprì, lasciando spazio a qualche barlume di coscienza. Capì cosa lo avesse condotto lì, perché si era sentito attratto da quella ragazza: aveva riconosciuto in lei i tratti di Giulia, inconsciamente. Era lei! Sarebbe dovuto andare e rivolgerle qualche parola? Dopo tutto quel tempo non aveva senso, ancora doveva giustificare la sera in cui si era fatto cacciare.

Oh, Giulia! La sua vecchia Giulia di quand'era un pischelletto e pedalava rapido in quel sentiero. Fu in quel periodo che lei scomparve, il periodo in cui tutti lo abbandonarono. E mentre pensava alla sua vecchia Giulia si chiedeva se lei lo avrebbe riconosciuto e che cosa avrebbe detto. Era passato così tanto tempo. Decise di andare là nel retro ad aspettarla, prima o poi sarebbe uscita di nuovo. Poi però cosa avrebbe detto? Non voleva certo prepararsi un discorso, voleva parlare lì come veniva, improvvisando. E se lei non lo avesse riconosciuto poco importava, se ne sarebbe andato e tante care cose e figli maschi. Ormai era là, non poteva tirarsi indietro, non poteva vivere con la consapevolezza di non averci neppure provato.

Andò nel retro e attese in piedi per mezz'ora buona, poi prese una bottiglia dal bidone e bevve due sorsi, si sentiva agitato. La lasciò a terra e accese una sigaretta. In quel momento apparve lei. Pareva la luna.

«Sto arrivando, sto arrivando!» urlò. Dannazione, il suo capo non la lasciava mai. Era andata nel retro due secondi per buttare le bottiglie vuote e quello già la cercava.

«Giulia! Dove s'è cacciata quella adesso?!» urlava in mezzo alla sala. Era imbarazzante.

Giulia accorse al bancone sudicio e pregno di birra, una miriade di corpi accasciati su di esso. C'erano un paio di birre da fare.

Capirai, pensò. Se le può fare anche da solo, con tutte quelle che si beve.

Andò alla spina e riempì i boccali unti. Non a caso il bar portava quel nome, La Cervogia, la birra là dentro scorreva come acqua. Miriade di nomadi senza meta si recavano là per attingere a quella fonte fino a diventarne saturi. Ogni tanto qualcuno di questi clienti faceva casino, come quello dell'altra volta, ma più bevono e più quelli diventano innocui. Quindi in fin dei conti non era così brutto lavorarci, dopo un po' ci aveva fatto il callo. Non fosse per il suo capo. Servì le birre e iniziò a dare una pulita dietro al bancone, così da portarsi avanti con i lavori e chiudere qualche minuto prima, senza perdere altro tempo là dentro.

Un tizio chiese una pinta e lei gliela preparò. Il suo capo intascò avidamente i soldi e lei si sporse per allungare il boccale sul bancone. E quello, con i denari in saccoccia, le passò dietro e, come al solito, le toccò il sedere. Dietro al bar si stava stretti e lui ne approfittava per portare la mano dove voleva. Lei si scostò inorridita e pensò di tornare nel retro. Non doveva buttare nessuna bottiglia, voleva solo fumare una sigaretta, stare un po' in pace e lontana da tutto quello schifo. Aveva preso da poco quel vizio, a dire la verità, da quando aveva iniziato a lavorare là. Era un'ottima scusa per prendersi qualche minuto di pausa senza sentirsi dare della scansafatiche.

«Dove vorresti andare adesso?!» chiese il suo capo. Era un uomo basso e robusto, il viso circondato da due folte basette e gli occhi piccoli e tondi. Indossava la stessa maglietta da qualche giorno e puzzava, era di colore beige. Sotto aveva una salopette in denim. Puzzava di birra, ne beveva più di quanta ne serviva.

«A fumare, ci metto cinque minuti.»

«Qui chi dovrebbe sostituirti?» la guardò socchiudendo quei piccoli occhietti. Forse credeva di far paura.

«Tu. Ci metto cinque minuti.» sostenne il suo sguardo.

Lui continuò a guardarla e capì di non poterla smuovere, disse: «sei tosta, per questo ti ho assunta. Fa' che siano cinque minuti e non di più. Che poi devo pisciare.»

Si voltò e andò verso il retro. Senza ombra di dubbio la sua vita era cambiata da quando era andata a lavorare là. Non era la vita che sognava di fare, ma ne era costretta, in parte. Quando i suoi genitori divorziarono lei era solo una bambina, all'epoca andò a vivere da sua madre, lasciando la sua città natale e tutti i suoi amici. E, soprattutto, lasciando suo padre. Nell'ultimo anno si era ammalato gravemente, e lei voleva passare i suoi ultimi momenti di vita al suo fianco. Per fare ciò, però, si era trovata costretta ad andare a lavorare in quella bettola senza dio.

Ogni giorno poteva essere l'ultimo per suo padre, ma sua madre comunque non ne voleva sapere di andare là da loro, neppure per far sentire il proprio appoggio. Non era per nulla facile, ma doveva tener botta fino all'ultimo.

Si sedette su di una cassa vuota dell'acqua e accese una sigaretta. Con la mano si tastò la tasca del pantalone per prendere il cellulare, ma l'aveva lasciato dentro. Si guardò dunque intorno intanto che fumava. Anche il retro di quel maledetto posto, nonostante fosse a veranda e fosse tutto aperto, puzzava tremendamente di birra. Era pieno di fusti vuoti e di bancali inutili, casse dell'acqua abbandonate e teloni gettati qua e là.

Lo sguardo gli cadde su di una bottiglia vuota lasciata sul pavimento. Strano, l'aveva messa dentro al bidone, non fuori. Era caduta?

Una voce prese la sua attenzione.

«Ehi, come va?»

Giulia si girò, vide Ettore. «Ehi, bene. *Elvis* dentro mi sta avendo.» si riferiva al suo capo, tra di loro lo chiamavano Elvis, sapete, per i basettoni di cui andava tanto fiero.

«Niente di nuovo dunque.» rispose, stringendo i denti per la rabbia.
«Più lo ignoro più capisce quant'è idiota, magari.»
«Devo parlargli un'altra volta?»
«Non ce n'è bisogno, so badare a me stessa. Se esagera più del dovuto te lo dico. Le hai prese le medicine per papà?»
«Sì, stamattina.»
«Grazie, amore.»
Si guardarono e sorrisero.
«Quanto ti manca a chiusura? Sai, volevo andare a bere qualcosa, per festeggiare.» Ettore ci pensò un attimo su, guardò il ventre della sua compagna e poi aggiunse, sorridendo: «be', tu magari vai di acqua.»
«Va bene.» acconsentì ella, guardando verso il basso. «Dentro c'è ancora gente, mezz'oretta e chiudo, credo.» concluse.
Ettore le andò incontro, la baciò sulle labbra candide e le accarezzò il ventre. «C'è qualcuno che ha alzato troppo il gomito, come l'altra volta?»
«No, no, è tutto tranquillo amore.» lo guardò negli occhi scuri e gli passò una mano tra i capelli mori e riccioluti.
Si sentiva bene quando lo aveva vicino, era un uomo comprensivo e responsabile. Si conoscevano da quando erano bambini e nel corso degli anni non avevano mai smesso di cercarsi l'un l'altra. E nonostante la gravidanza fosse giunta inaspettata e in un periodo difficile, né lui né lei si erano persi d'animo, e avevano continuato a sostenersi e aiutarsi. Ancora non avevano scelto un nome per il venturo, l'avevano saputo da poco e lavoravano molto, senza molto tempo per vedersi.

«Ti è poi venuto in mente chi è che ti ricordava quel tizio dell'altra sera?»

«No, e la cosa mi manda fuori di testa. Sotto quel berretto si nascondeva di certo qualcuno che conosco, ma non mi viene in mente chi.»

«Ti verrà in mente quando non ci penserai. Ora vado, ti aspetto in macchina, non ti affaticare troppo.»

«Sì, a dopo amore.»

«A dopo.»

Si baciarono e ognuno per le sue. Giulia si alzò e gettò la bottiglia fuori posto dentro al bidone, si guardò intorno confusa e tornò dentro al bar ad affrontare la chiusura. Ettore attendeva il suo arrivo in macchina. Vide un pazzo correre senza remore davanti a lui, lungo la via. Un barbone, forse. Lo ignorò, durante la notte la via si riempiva di nullafacenti e senza dio. Le campane suonarono, riempiendo l'etere.

Si sentiva leggero, quella sera, mentre aspettava. L'indomani non avrebbe lavorato e poteva stare tutta la notte insieme a Giulia. Sperava di passare la serata a fantasticare sul nome del venturo insieme a lei. Oh! Non vedeva l'ora che quella magnifica creatura nascesse, serviva solo aspettare fine luglio! Lui sarebbe stato un bravo padre, non come lo fu il suo. Sarebbe stato presente. Qualcuno bussò al finestrino.

«Ehi, ti ho fatto aspettare molto?»

«No, no. Andiamo?»

«Ti va di passare da casa di mio padre? Così lasciamo là le medicine, nel caso dovesse averne bisogno durante la notte.»

«Certo.» lasciarono il viale, recandosi lontani da là, verso casa del padre di Giulia.

Iulei sbucò fuori da dietro il muro subito dopo che Giulia era rientrata nel bar. Aveva assistito a tutto, da dove si era messo, rischiando di farsi scoprire, a causa dei suoi polmoni malandati che lo avevano quasi fatto scoppiare in un attacco di tosse molto forte. Quando l'aveva vista varcare la porta provò una gran vergogna e paura, in parte causata dalla figuraccia fatta l'altra sera, in parte causata dalla sua naturale misantropia, dunque si nascose senza pensarci due volte, così velocemente che lei non lo vide. E per assurdo, nel momento in cui si era deciso ad uscire dal proprio nascondiglio per mostrarsi a lei, era arrivato Ettore, come dal nulla. Fu un arrivo inaspettato e non apprezzato, voleva parlare con lei, mica con lui! Decise dunque di restarsene nascosto, per capire cosa potesse fare per evitare di dover dare spiegazioni capo ne coda.

Ettore era lì, dunque, ed era insieme a Giulia. Era stato lui a cacciarlo dal bar, lui a salvare la principessa in pericolo! Tutto ciò lo stordiva enormemente. Che accadeva alle donne della sua vita? Entrambe gli stavano mettendo i bastoni tra le ruote! Ricordava d'averla voluta, Giulia, ma si domandava se non fosse stata solo abitudine. Era da sempre stato abituato a vedere lei come unica, come la ragazza più importante per lui, senza mai essersi chiesto il perché. In fin dei conti anche lei era andata via, anche lei l'aveva abbandonato!

Le cose sarebbero cambiate.

Lasciò il bar e corse lungo la via, in direzione della luna che torreggiava all'apice di quella strada, le campane intanto intonavano il loro ultimo canto serale.

Ad un tratto i crampi alle gambe gli impedirono di continuare a correre, i piedi gli dolevano come non mai, erano pieni di vesciche e calli, dentro quegli stivali malandati: la vita sulla strada si stava dimostrando sempre meno piacevole di quanto si fosse aspettato all'inizio. Gli stivali erano completamente inzaccherati di fango, i pantaloni rovinati. L'inverno era arrivato e lui era vestito fin troppo leggero per affrontarlo. Ma non se ne rendeva neppure conto, egli, perso com'era, sia dentro di sé che fuori.

Nonostante i crampi tremendi volle raggiungere la luna, per scappare da tutto. Corse fino a quando il dolore non divenne insopportabile e poi si inginocchiò davanti a Lei e cadde al suolo, abbandonandosi lentamente ad un sonno profondo, da solo, sul marciapiede, in preda ad un'isteria causata dalla solitudine e dalla dispersione in cui stava vivendo.

Si svegliò in preda ad un attacco di tosse, in mente ricordi di orribili incubi. La via era ricca di colori. Bagliori rossi blu e gialli lo accecavano. Tutti, intorno a lui, erano visivamente contenti. E al tempo stesso gli erano ancora più indifferenti di quanto non lo fossero di solito. Si tiravano dietro grandi buste, enormi pacchi. Si scambiavano doni e si sforzavano di ridere il più possibile e più degli altri. Che cosa stava accadendo? Erano tutti il doppio più finti e ipocriti del solito, e ce ne voleva. Un urlo infranse il caos generale, passò sopra ad ogni qualsivoglia muro del suono. Le prime parole, l'annuncio dell'inevitabile.

«Buon natale!» urlò a squarciagola un tizio tutto apparecchiato e vestito elegante lì vicino a lui. Aveva la fronte sudata e i capelli unti e pieni di gel per capelli.

«Cosa?» rispose il nostro, confuso.

«È natale, amico. Ma da dove vieni?»

«Io non... Giulia! Dov'è?»

«Giulia? Ma sei pazzo per caso?! Ripigliati, amico.» se la filò via, augurando felici feste a tutti, come se fosse utile a uno scopo ultimo, ma visivamente orgoglioso di riuscire a fare qualcosa nella sua insulsa vita.

Si sentiva confuso. Era già natale? Non si era accorto fosse già dicembre. Il tempo gli stava sfuggendo di mano, in quei giorni tutti uguali. Guardò le lucine attacate al filo nero che penzolava tra un lampione e l'altro tagliando il cielo, oscurando le stelle. Altre luci colorate appese alle finestre delle varie case, così come decorazioni insensate e finta neve.

Devono aver messo su tutta 'sta roba mentre io dormivo, pensò Iulei.

Lo stomaco gli faceva ancora male. Si appoggiò a terra e si piegò in due in mezzo alla strada, in posizione fetale, la gente gli passava accanto calciandolo e urlando come il tizio di poco prima. Le accecanti luci squarciavano il buio, in quella innaturale atmosfera di festa e follia incorniciata da bagliori rossi, blu, eccetera. Iulei veniva piano piano circondato da carta e da pacchi, venendo quasi interamente ricoperto da quella spazzatura colorata. Si girò, si stese sulla schiena e cercò la luna.

Invano, quella si era nascosta.

La folla in poco si dileguò, e si trovò nuovamente solo. Andò verso i grandi bidoni grigi per cercare del cibo. Trovò solo del pane vecchio e delle bottiglie di vino mezzo finite. Decise di versare il liquido di ognuna di esse in un'unica bottiglia, la coprì con un sacchetto e se la portò via, con il pane. Si sedette su di una panchina vicina a casa sua e banchettò.

«Me ne dai un pezzo?»

La voce giunse da sotto la panchina. Un uomo, che

poco prima stava dormendo, ora si era proteso verso il nostro chiedendogli da mangiare. Il suo braccio era emaciato, pieno di macchie e pallido. Iulei lo aiutò a tirarsi su, e quello si mostrò con la sua barba lunga lunga e bianca, i vestiti logori e maleodoranti. Sarebbe già crepato di freddo da molto tempo non fosse stato per una grossa coperta marcia adagiata sulle spalle. Lo fece sedere e gli diede un tozzo di pane e qualche sorsata di vino, ne parve subito rinvigorito, le sue gote presero colore.

Rimasero un po' di tempo in silenzio a mangiare il pane duro e stantio, con la pagnotta che scrocchiava ad ogni addentata che Iulei infieriva. Il vecchio poteva mangiare solo la mollica, i suoi denti non potevano nulla contro la scorza dura della crosta. Il vino pareva aceto, ma la casa non offriva di meglio quindi se lo facevano andare bene. Finito il banchetto il nostro fece per andarsene ma il vecchio lo fermò afferrandogli il braccio.

«Già te ne vai?» la sua voce esprimeva una calma insondabile.

Iulei non seppe cosa rispondere.

Quello riprese: «non lasciarmi da solo. È da tanto che sono solo.»

Pensò di dover andare a vedere se Miranda stava ancora occupando casa sua, stranamente non ricordava l'ultima volta che l'aveva fatto. Lo guardò, dritto negli occhi. Si accorse che era cieco. Capì che era l'uomo che aveva visto tempo prima, da dentro l'edicola, quello che faceva l'elemosina con il berretto capovolto. Esprimeva la stessa stanchezza in volto. Guardò in direzione della chiesa, da lì poteva scorgere la torre campanile che spuntava dalle alte mura che circondavano il centro storico. In quella direzione c'era ancora un sacco di gente, si erano tutti spostati come in un esodo verso il centro, c'era musica e casino. La gente è sempre attratta da quella roba. Decise di tornare seduto, non voleva lasciare il vecchio da solo, non se la sentiva. Tanto non avrebbe trovato altra compagnia. Solo che egli respirava rumorosamente e non lasciava a Iulei il silenzio di cui necessitava per pensare.

«Bello il natale, mh?» disse il vecchio di colpo.

«Come?» rispose il nostro.

«Il natale, intendo, ti piace?» il tale protese l'orecchio verso il suo compagno di bevuta, aspettando attentamente la risposta.

Iulei rispose: «non l'ho mai preso in considerazione, il natale, per me è sempre stato un giorno come un altro. Quest'anno non mi ero neppure accorto del suo arrivo.»

Il vecchio concordò con lui, «ti capisco, anche per me è sempre stato un giorno come un altro. Anche quando lavoravo. Non avevo bisogno di vedermi con la mia famiglia, ci odiavamo.» lasciò che le parole si perdessero nell'aria.

Poi riprese. «Ogni natale lo passavo da solo. Lavoravo nel magazzino di un centro commerciale davvero molto frequentato. C'era un sacco di lavoro da portare a termine, per questo lavoravo anche a natale. E sai tutto quel lavoro cosa mi aveva portato? Ne hai idea?»

Iulei scosse la testa in segno di diniego, dimentico della cecità del vecchio. Quello rispose ugualmente, senza aver visto alcunché, forse solo percepito.

«Mi ha portato a questo, a vivere sotto una panchina. Sotto, da sempre sto sotto, prima sotto ad un capo e ora sotto il culo della gente che qui si siede. Sotto, sotto.»

Si sfregò le mani colme di calli, tese l'orecchio verso lo sbatter d'ali di un paio di pipistrelli che sopra le loro teste volavano da un pioppo ad un altro, poi riprese, bevendo un generoso sorso di vino direttamente dalla bottiglia: «smisi di lavorare a causa di problemi di salute. Un'ernia mi aveva reso poco utile. Venni licenziato poco dopo, ero inutile. Non più sfruttabile. Presero qualcuno di più giovane al mio posto, di modo da poter ridurre all'osso anch'egli. Mi ero rovinato, per quel lavoro. La cecità era giunta per i computer. Non più utile nello smistamento mi mettono agli ordini. Passavo giornate intere davanti al computer, ne avevo bisogno, avevo bisogno di soldi. Ci son rimasto cieco.» aveva la testa china, il volto triste. Iulei sentiva un grande vuoto, sentendolo parlare.

«Riuscirono a non darmi uno spiccio di soldo.» riprese, «a causa di quegli infami vivo in strada. Ma sai una cosa?»

Non attese risposta alcuna. Riprese subito, dicendo: «mi manca lavorare, sento che mi manca sentirmi sfruttato. Non ha senso, lo so. Ma sono capaci di questo, creano dipendenze affinché tu viva per loro. Sento il bisogno di produrre, ma a che scopo? Il lavoro mi ha portato alla rovina eppure lo cerco.»

«Hai ragione, pienamente.» rispose Iulei. «Sono capaci di creare bisogni ai quali non riesci più a dir di no, solo per i loro bisogni.» si erano scolati l'intera bottiglia, la parlata diventava più sciolta. Buon *blend*, pensò ironicamente Iulei.

«Cosa ti è successo? Se posso sapere. Sei anche tu una vittima del capitalismo sfrenato? Della sovrapproduzione senza fine?» si interruppe, scrutò con gli occhi ciechi il nulla più totale, poi riprese: «ma che dico? Tutti ne siamo vittima.»

«Vero, anche io. Ma vedi, ho voluto bene a persone e queste mi hanno abbandonato. Non avrò mai il mio passato e intanto qui la gente festeggia. Che mondo è questo?»

«Ma va' a quel paese, per favore! Non fare la vittima. Non vedi il vittimismo dove mi ha portato? È un mondo crudele, certo.» rispose il vecchio, «e ora che è natale te ne accorgi anche di più. Il natale ti fa capire quanto tu sia solo e incapace di provare sentimento alcuno al di là dell'odio.» ci pensò su, poi disse: «forse ho esagerato, ma la questione è che non serve a nulla crogiolarsi nella disperazione solo perché è la scelta più semplice. Ci siamo capiti?»

«Sì, ci siamo capiti.» rispose Iulei. Guardò la bottiglia vuota, poi disse: «ti va altro vino?»

«E me lo chiedi pure?» fece per alzarsi, per andare a cercare altro alcol, ma la schiena gli dolse. Si massaggiò la zona lombare con la mano.

«Fermo, fermo, a malapena ti reggi in piedi. Vado io.»

«Ah! Davvero? Non ne sono mica abituato.» rispose.

Iulei si alzò e barcollò, quasi cadde. Gli girava la testa per il troppo vino.

«Chi è che non sta in piedi dei due?» gli fece il vecchio, ridendo.

Lui lo ignorò si diresse verso i bidoni. Le lucine di natale gli illuminavano la via, il cammino. La luna non voleva mostrarsi, le stelle erano oscurate dalle innumerevoli luci in terra. Giunto ai bidoni frugò al loro interno, tra birre di vario genere, liquori, rum, unì tutti i fondi che aveva trovato e ci tirò fuori due bottiglie di miscela quasi piene.

«Eccoci, vecchio.» disse, passandogli una delle due bottiglie, una volta tornato da lui, «un ottimo blend ottenuto direttamente dalle botti là davanti.» indicò i bidoni.

«Ah! Bella questa. Vieni qua, brindiamo.»
«D'accordo! Ma a cosa?»
«Be', alla vita! Siamo vivi, no? Possiamo goderci questi momenti, questa natale, insieme. Ecco! Brindiamo al natale, al primo che passo non da solo ma in compagnia! Al nostro primo natale!»
«Al nostro primo natale in compagnia!» brindarono e il vetro tintinnò.

Quella era vita, per loro. La vita sulla strada.

Una flebile pioggia iniziò a scendere, inzuppando lentamente la strada, le luci, gli addobbi di natale, e i due poveretti ormai ubriachi di vino e della tipica saggezza che assume un ubriacone alle tre del mattino.

«Tra poco saremo fradici. Meglio cercare un riparo.»
«No! Ho voglia di stare sotto la pioggia, ho voglia di viverla.»
«Va bene, io non ho problemi.»

Così dicendo Iulei alzò i piedi dal terreno e li stese sulla panchina, dal lato opposto a quello del vecchio. Teneva con una mano la bottiglia e con l'altra si stringeva le ginocchia al petto, per ripararsi dal gelo invernale.

Passarono così la notte, tra una sigaretta fumante e l'altra, cercando un riparo solo alle prime luci dell'alba, quando la pioggia si era fatta troppo forte. Ebbri di vino e fradici di pioggia, trovarono un riparo sotto i porticati, e là sotto Iulei si addormentò su di una panchina e il vecchio sotto ad essa.

Al suo risveglio era di nuovo buio, e si sorprese di non vedere il vecchio sotto di lui. Per una frazione di secondo pensò di essersi immaginato tutto l'accaduto della sera prima. Gli pareva così distante, così astratto. Come un sogno. Forse un sogno indotto da tutto quel vino. Diamine, aveva ancora bevuto troppo e a stomaco vuoto! Poi come si chiamava quel vecchio? Non gliel'aveva mica detto.

«Oh! Sei sveglio finalmente. Io non sono abituato a dormire molto, ho fatto un bel giro mentre ti facevi cullare dai sogni.»

Eccolo, era lì davanti a lui. Non si era immaginato nulla.

«Be' guarda, ho problemi con il sonno. O dormo troppo, o troppo poco. Come stai?» gli chiese Iulei, alzandosi in piedi con gli occhi semichiusi e gonfi.

«Bene! Tu che puoi, guarda bene qua chi ho trovato in strada mentre tu te la dormivi tutto beato.» il muso grigio di un Terrier sbucò da dietro le gambe del vecchio, aveva gli occhi bianchi e vitrei, era cieco quanto il suo nuovo padrone. «Ho deciso di chiamarlo *Boxer*!» concluse.

«È bellissimo.» rispose, accarezzandogli il muso.

«Mi tiene molta compagnia, non sarò più solo.»

«Bene, almeno ti lascerò in buone mani.»

«Te ne vai? Me lo aspettavo. Tu sei uno di quelli che vuole starsene solo, si capisce. Be', addio amico. Grazie per la serata.» disse il vecchio, porgendogli la mano.

«Prima che tu vada, mi sai dire cosa stanno facendo là in piazza?» gli chiese, indicando il centro storico, dimenticando la cecità del vecchio.

«Una specie di circo, a quanto ho sentito. Dicono sembri più che altro uno zoo, all'entrata è pieno di gabbie con animali e altre cose. Poi c'è un'altra tenda per gli spettacoli.»

«Buono a sapersi. Be', alla prossima allora.» gli diede la mano, ricevendo in cambio una stretta salda e callosa, frutto di anni di lavoro, in contrapposizione con le braccia, secche che non gli daresti un nichelino da tener su.

Il vecchio se ne andò con Boxer che lo seguiva a ruota e che camminava a pari passo, alzando la testa di tanto in tanto per cercare un contatto col suo padrone.

Iulei gli girò le spalle e camminò, finendo in mezzo ad un marciapiede molto affollato. Guardò in direzione del centro e una calca di persone lo circondò, obbligandolo ad andare dritto per quella direzione. Erano tutti chiacchieroni e falsi, in quella calca, e Iulei si sentiva la pecora nera. Muoveva in prescia le gambe, altrimenti era convinto che quelli lo avrebbero gettato a terra e pestato malamente, senza neanche guardarlo o chieder permesso. Percorsero così l'intera via, passando lungo vetrine di negozi con abiti alla moda in vista, ristoranti chiassosi e bar con la musica troppo alta.

Ragazzi smandrappati e ubriachi erano tutti sparsi lungo il marciapiede acciottolato, formando tanti piccoli gruppi divisi per età e gusti musicali, tutti con il proprio gingillo con cui trastullarsi, chi il cellulare, chi una cartina inumidita con la lingua, chi una ragazza persa seduta sulle gambe. C'era anche qualche matto forte, amante delle feste, che si era travestito da babbo natale e che, di giorno, sicuramente regalava beni ai più piccoli, ma che di notte beveva fino a non pensar più e non camminar più dritto sulle proprie gambe.

Un jingle natalizio riempiva le orecchie e rompeva i timpani.

E per quanto Iulei si sforzasse, non riusciva a capire il modo in cui aveva passato gli ultimi giorni. Era rimasto indietro, nella sua testa era ancora autunno, e invece, in una notte, si era subito fatto natale. Scavava dentro la sua memoria, cercava qualche punto d'appiglio, ma niente lo portava a ricordare.

Sarebbe dovuto andare a casa per vedere se sua sorella si trovasse ancora lì. Si promise di farlo il prima possibile. D'un tratto le campane squillarono e pareva non avessero più intenzione di smettere. Era un giorno di festa e serviva animare la situazione, a quanto pare. Il rumore invase la testa di Iulei che rimpianse l'assenza delle proprie pastiglie.

Vita animale, al circo in fondo alla via

Giunse in fondo alla via, e, passato un incrocio, si trovò al centro storico, sotto i porticati, oltre i quali stava piazza Garibaldi. L'esodo dei mille l'aveva spintonato verso quella direzione, quasi non poté tirarsi indietro.

Quelli si dispersero, lui rimase solo.

In genere, l'ampia piazza del centro storico mostrava fieramente la grande cattedrale settecentesca. Era impossibile non notarla, appena si metteva piede là. In genere era così, ma non era quello il caso.

Iulei, una volta arrivato, dovette scostare un drappeggio rosso per poter varcare l'entrata della piazza. Trovandosi così direttamente dentro al circo. O almeno, dentro alla zona dedicata agli animali. Per andare dove stava lo spettacolo bisognava pagare il prezzo del biglietto al botteghino sulla sinistra.

La chiesa non si vedeva, dentro a quella tenda col tetto a cono, era nascosta. Ci si poteva arrivare andando dritto per dritto e uscendo dal drappeggio direttamente lì davanti.

Era vicina, ma non era visibile. La fede giocava a nascondino, mettendo alla prova i venturi con della musica esageratamente forte e colori sgargianti.

Iulei non poté non paragonare le persone là dentro a degli animali. C'era un gregge di pecore che si muoveva in gruppo, con un cane che le teneva a bada, conducendole presso tutte le gabbie. Quelli che stavano più indietro come delle giraffe allungavano il collo sempre più in alto così da poter vedere meglio e non perdersi nulla. I più curiosi davanti parevano tanti piccoli lemuri. Al botteghino c'erano serpenti che contavano fogli e accoglievano i venturi e prendevano da loro ulteriori fogli. Un grande schermo piazzato davanti a qualche seduta mostrava un documentario con due gruppi di foche che si passavano un pallone a musate, il gregge di pecore in visibilio quando quelle facevano un misero e inutile punto. C'erano dei maiali che s'ingozzavano senza sosta e alla faccia degli altri, nell'area ristoro. Alcuni muli stanchi li guardavano pieni di tristezza in volto.

Grandi e impetuosi elefanti si divertivano nel calpestar dei topi, solo perché erano più grossi e potevano permettersi di farlo, e questi ultimi non trovavano riparo alcuno, nessun pertugio o stretto passaggio nel quale inguattarsi, dovevano soccombere sotto quei pestoni che facevan vibrare la terra e le membra. Scimmie scalmanate urlavano le une sopra le altre per superare le compagne in decibel. Ogni tanto giungeva un clown che tentava di far ridere chi entrava, così da fargli pagare il biglietto per lo spettacolo, ma per farlo doveva mettere in ridicolo se stesso e la propria vita privata, altrimenti gli altri non avrebbero potuto ridere di lui. Iulei non capiva che bisogno ci fosse di andare a guardare lo spettacolo quando anche solo quel luogo era esilarante e di sufficiente intrattenimento. Diversi uccelli planavano fuori dalle loro gabbie e dall'alto del loro volo cagavano addosso a chiunque si trovasse sotto di loro. Era tutto così allegorico e divertente, per Iulei.

Uno scopino ruzzicò tutto trusco verso la sua direzione.

«Ciao smilzo.» disse, «prima volta che ti vedo qui.» lo squadrò da capo a piedi.

«Ciao, sto curiosando. Quando l'hanno tirato su 'sto lavoro?» rispose Iulei, indicando con l'indice il soffitto e il resto del tendone.

«Poco, qualche sole.» contò con le dita, poi si arrese e disse: «non so, non sono bravo con i numeri. Non lo sono mai stato. Comunque, 'sto tendone copre quasi metà piazza, il lato nord è libero,» lo informò, «il circo al chiuso deve stare, per animali che non devono stare al freddo. Dunque ecco, tirano su tutto ciò. Va' a capire quei bastardi pieni di soldi, non sanno come spenderli e devono inventarsi il modo e tirano su 'ste cose.» si grattò il braccio destro irto di peli.

Iulei lo guardò, era basso e tozzo, aveva una scopa salda nella mano. In volto era barbuto e aveva pochi capelli bianchi, portava degli occhiali dalla montatura spessa e grigia. Aveva una maglietta a righe azzurre e bianche che lo faceva somigliare ad un piccolo marinaio. O ad un mozzo, che più gli si addiceva.

«Le tirano su giusto per aver qualche soldo in più dopo.» rispose Iulei.

«Già.» disse, sovrappensiero. Poi riprese: «a proposito de li soldi, ci giochi al poker?»

«Sì, ma soldi non ne ho.» pazzesco, i maledetti soldi lo perseguitavano anche da vagabondo.

«Neanche io, ma che importanza ha? Mettiamo giusto qualche sacco e facciamoci una partita. Mi prende una noia matta qui.»

«Non gioco da molto tempo, ma va bene.»

Lo seguì. Nel frattempo si tastò le tasche e tirò fuori il resto che aveva avuto dalla macchinetta delle sigarette. Quello lo condusse ad un ripostiglio lì attaccato, dove all'interno si trovarono circondati da vestiti di scena e varie toilette per il trucco e qualche mobile con dentro delle bottiglie. Al centro un tavolo formato da diversi bancali sistemati uno sopra all'altro con una tovaglia blu sopra, un portacenere al centro. Si sedettero su delle sedie di legno sbilenche e misero lì spicci sul tavolo improvvisato.

«Mi chiamo Hugo.» disse lo scopino, «tu che nome ti porti?»

«Piacere. Mi chiamo Iulei.»

«Iulei? Che *razzo* di nome è?» si grattò il braccio, era rosso e pieno di bolle.

«Il mio nome.» rispose Iulei, controvoglia. Sempre la solita storia con il suo nome: alla gente faceva proprio strano.

«Sembri messo da cani, si intende bene che non pappi qualcosa da giorni. Ma che ti è capitato?»

«Una roba lunga, niente di che.»

Hugo tirò fuori il mazzo di carte e lo gettò davanti a loro, poi lo prese e iniziò a scozzarle. Lo spinse verso Iulei e lo invitò a spezzare in due il mazzo, poi riunì le due metà e consegnò le carte. *Hold'em*, due carte in mano a testa. «Ero un grandissimo giocatore, poi ci ho perso l'andazzo.» disse Hugo, «è difficile giocare quando hai tanti cazzi per la testa.»

«Che genere di cazzi?» chiese Iulei. Guardò le carte che aveva in mano e poi guardò il *flop,* le prime tre carte, che era già scoperto. Aveva coppia di sette.

«La famiglia. Non è facile girare il paese con gli amici del circo, con cui sono cresciuto e voglio bene, tenere un buon livello nel gioco e badare a famiglia. Qualcosa male doveva uscirmi.»

«Non per forza.» rispose Iulei.

Hugo scartò una carta coperta dal mazzo e girò quella dopo, scoprendo il *turn*, la quarta carta in campo, e la mise accanto alle prime tre.

«Mia mogliera non ha pensato così. Mi ha smollato.» disse, in tono serio e senza lasciar trasparire emozione alcuna.

D'un tratto fece sbattere qualcosa contro i bancali sotto la tovaglia. Iulei pensò subito che il suo compagno avesse tirato fuori una *Derringer* e fosse in puntamento direttamente verso il suo pube. Si sentì partecipe di un bel cliché, seduto ad un tavolo traballante a giocare a poker con un losco figuro armato.

«Quella mecca infame. Quanto l'amo.» riprese a dire lo scopino. «Nello stesso periodo al circo perdo la gamba e mi piazzano 'sto legno.» scostò la tovaglia e allungò quel che restava della propria gamba verso Iulei. Tirò su i calzoni, mostrando un moncherino in legno. Lo ritirò nuovamente sotto la tovaglia, facendo lo stesso rumore di poco prima.

Ok, pensò Iulei, niente *Derringer* nascosta, è solo zoppo.

Nessuno dei due puntò, Hugo girò il *river*, la quinta carta. Di nuovo non puntarono nulla, e Iulei vinse con la coppia di sette. Si prese giusto i *bui* messi all'inizio. Poco, ma pur sempre una vincita. «Odio 'sto gioco!» sbottò l'avversario, «mi pare proprio che mi si rivolta contro.»

Iniziarono un'altra mano, Hugo consegnò le carte e Iulei si trovò con una coppia di sei già in mano. Il suo avversario aveva invece un Re e una Donna. Bussarono entrambi e Hugo girò il *flop*.

«Com'è che l'hai persa?» chiese Iulei, guardando in direzione del moncherino.

«La gamba, vuoi intendere?» rispose.

Una delle tre carte in campo era un Re, questo gli conferì una coppia di Re. Dunque rilanciò, ma restando basso. Iulei lo seguì. Hugo girò il *turn*. Poi riprese: «montavo, da zero, capisci? Una di quelle gabbie degli animali, e mi si è chiusa direttamente sulla gamba. Una vite messa male, non l'ho mai capito, fatto sta che mi trancia di netto dal ginocchio in giù. Quasi quasi ci lasciavo le penne.»

Il *turn*, la quarta carta, era un sei. Iulei si trovò con un tris di sei. Il suo avversario, fomentato dalla coppia di Re iniziale, puntò ancora. Iulei lo seguì, facendo il nesci. Un tris è una buona mano, meglio non far capire le proprie intenzioni. Lo scopino girò la quinta e ultima carta.

«Deve aver fatto male.» rispose Iulei, riferendosi alla gamba. Cercava di fare generica conversazione, così per distrarre il suo avversario dal gioco e apparire più disinvolto. Non era così tanto sciolto nel giocare, ma preferiva non farlo notare al suo avversario.

Hugo non rispose nemmeno, tanto era preso dal gioco, smicciò per bene le carte e rilanciò un'ultima volta e si esaltò quando vide Iulei seguirlo. Era giunto il momento di rivelare le carte e i propri punti, giunto il momento di vincere!

«Ah!» disse lo scopino, lanciando le proprie carte scoperte accanto a quelle sul campo. «Coppia di Re!» stava già prendendo tutte le fiches, convinto di aver vinto, quando Iulei girò le proprie carte, mostrando il tris. «Ah.» riprese Hugo, tristemente, «tris di sei... caspita, sei un fottuto diavolo! Te l'hanno mai detto, smilzo?» lanciò le carte, che andarono ad infrangersi sul pavimento, alla rinfusa.

«Grazie della giocata.» disse Iulei. «Ma ora vado, è stato bello.»

«Aspetta. Non ti va un goccio?»

Iulei trovò curiosa questa abitudine che aveva la gente di voler bere con lui. «Solo un paio di bicchieri.» rispose, dopo un attimo di esitazione.

Lo scopino deambulò zoppicando ad una vetrina e tirò fuori un buon whisky, tolse il tappo e l'odore invase la stanza. Sì, ci voleva proprio del whisky. Versò un bicchiere per lui e uno per Iulei, poi lasciò la bottiglia aperta lì accanto.

«Basta giocare.» disse, «non sono mai stato bravo. To', prendi le tue monete che hai vinto.»

Iulei se le intascò e si sentì confuso, «mai stato bravo? Poco fa hai detto che...»

Hugo non lo lasciò finire, alzò il bicchiere e brindò alla vittoria del suo avversario. Iulei poggiò le labbra al bordo del bicchiere e provò una strana sensazione nel bere dopo tanto tempo da un bicchiere normale. Ingurgitò il liquido che gli bruciò la gola ma non troppo, ormai era abituato.

«Parlami di te, smilzo.» disse lo scopino. «Che combini nella vita? Te ne giri a caso tutto il giorno?»

«In un certo senso sì.»

«Cosa ti ha ridotto a questo?» si grattò il braccio. Lo

faceva senza neppure pensarci, era un gesto automatico, come mangiarsi le unghie.

«Mia sorella occupa casa mia e non voglio entrare.»

«Pensavo di essere io quello tocco, ma tu mi superi.» lo guardò con fare interrogativo, in bocca un sigaro appena acceso. Ne diede uno anche Iulei.

Una coltre di fumo riempiva l'ambiente, i rumori del circo si sentivano ovattati.

«Prima o poi sono certo che se ne andrà.»

«La pazienza è la virtù dei forti, ma mi sembra che tu sia fuori casa da un po'.» indicò i vestiti sporchi e le braccia scarne.

«Non tanto.»

Il whisky era forte e lo bevevano velocemente.

«Tieni mogliera o qualche bella?»

Pensò a Giulia. E poi a Ettore. «No, non credo di essere il tipo adatto.» disse solo, tossendo.

«Sei il diavolo, l'ho già detto.»

«Un amico però ce l'ho. Ma è un po' che non lo vedo.»

«Da quando tua sorella ti ha cacciato di casa?»

«Ci hai preso. Abbiamo lasciato una partita di scacchi in sospeso.»

«Male, io le cose in sospeso non le lascio mai, non è daffare.» lo informò, grattandosi ancora il braccio.

«Che c'hai al braccio?»

«Non lo so, forse allergia. Ma passerà.»

Non dissero nulla e continuarono a buttar giù bicchieri.

Era notte fonda. I rumori e il vociare del circo erano cessati, le campane avevano intonato il loro ultimo canto e Hugo aveva bestemmiato loro addosso per il baccano che giurava di non riuscire a sopportar più, nonostante lo sentisse da soli pochi giorni. Le palpebre iniziavano a farsi pesanti per entrambi e il fumo era diventato parte integrante di quella stanza. Le ore passavano e Iulei sentiva il bisogno di andarsene, non si fidava di cedere al sonno in un luogo a lui sconosciuto e così angusto. Così, quando gli occhi di Hugo si chiusero e il respiro si fece costante e pesante, il nostro se la filò lasciandolo solo e disperso in sogni ubriachi.

Uscito dal ripostiglio vide il circo vuoto, caotico e sporco. C'erano cartacce lasciate ovunque, pacchetti di patatine e caramelle, bicchieri di plastica buttati qua e là. «Hugo avrà da fare domani.» disse, con un leggero ghigno storto causato dal suo stato di ebbrezza. Si diresse barcollando verso l'uscita dal lato della chiesa, scostò il drappeggio.

Fuori faceva un freddo da lupi, il vento fischiava. Con gli spicci vinti, ora, aveva abbastanza grana per comprarsi un altro pacchetto di sigarette, che l'ultimo l'aveva finito in men che non si dica. Là in piazza stava un distributore parlante, vi si diresse. Ormai gli rivolgevano parola solo gli ubriaconi e i distributori di sigarette, come se fumare e bere fossero divenuti per lui scuse per sentire qualcuno che gli rivolgesse la parola. In fin dei conti non era così diverso da chi beve per passar serata e da chi chiede da accendere solo per attaccare bottone con una. Faticava a camminare, in realtà anche solo a starsene in piedi, sia per l'alcol che per la stanchezza che provava. La vita sulla strada si mostrava sempre più dura. Arrivò al cospetto della scatola metallica che consegna sigarette.

«*Selezionare il prodotto.*» disse la voce robotica proveniente dalla macchinetta.

Iulei scelse le sue classiche Marlboro rosse, quelle che fumava pure suo padre. Si tastava già le tasche per tirarne fuori gli spicci, lì trovò e alleggerì il peso sui pantaloni malridotti che ormai gli stavano su con lo sputo.

Solo che dovette fermare il suo acquisto.

«*Inserire documento d'identità.*» disse il distributore, freddo come il materiale di cui era fatto. Iulei tirò un pugno allo schermo, rendendosi conto di aver perso i documenti tempo addietro.

Pensò all'ultima volta che li aveva tenuti in mano, quando tempo prima si era comprato quell'ultimo pacchetto di sigarette finendo quasi completamente i soldi. Pareva una vita fà. Un vuoto si era creato nella sua mente, un vuoto temporale, in realtà ne aveva moltissimi, ma questo in particolare riteneva fosse il colpevole dello smarrimento dei documenti. Come se quelli fossero caduti dentro quel vuoto, quel buco nero e infinito dove finiscono le cose che non troviamo più.

Non poteva parlarci, con la macchinetta, ma ci provò.

«E andiamo! Dammi 'ste sigarette.» disse, per poi darle qualche altro pugno, che così magari si sarebbe arresa e avrebbe fatto ciò che voleva lui.

«*Inserire documento d'identità.*» fece nuovamente, per tutta risposta, la voce metallica.

Iulei tirò qualche colpo di tosse secca, che pian piano stava peggiorando, poi decise che per fumare avrebbe dovuto cercare un'altra soluzione. Si guardò attorno, pareva non esserci anima viva, le strade eran vuote, solo gli echi indistinti di chi le aveva percorse permeavano nell'ambiente.

Piazza Garibaldi era ampia e piena di negozi d'ogni genere, tra i quali: gioiellerie con le sbarre alla porta d'entrata e cartelli appesi con divieto di portare armi da fuoco all'interno, negozi di vestiti dai gusti opinabili, qualche tabacchi di troppo, come se uno non bastasse per stare dietro alla quantità di gente che doveva coltivare e portare avanti i propri vizi, punti snai, vari bar e ristoranti. Oltre alla chiesa e al temporaneo tendone del circo, naturalmente.

Da dov'era ebbe modo di scorgere, lontano, una coppia. Erano un ragazzo e una ragazza; lui alto e dai capelli scuri, lei sull'uno e settanta, bionda e con i ricci. Lei ascoltava il suo compagno che parlava senza tregua, e che, di tanto in tanto, si scusava per il proprio continuo blaterare, e le porgeva qualche domanda, giusto per stare un poco zitto e lasciar parlare anche lei. Solo che appena quella apriva bocca lui trovava sempre qualcosa da aggiungere e commentare e la interrompeva, non riuscendo proprio a trattenersi.

Ogni volta che capitava questo fatto lei sorrideva, perché si notava che non le importava di star lì a dare aria più di tanto alla bocca, l'unica cosa importante, per lei, era passare un po' di tempo con lui.

Iulei li smicciava da lontano, nascosto dietro un grosso vaso con dentro una pianta coperta da un telo di plastica. Guardava lei sorridere, gesticolare e scrutare il proprio compagno con gli occhi grandi grandi aperti e pronti a cogliere ogni movimento di lui, che intanto parlava e parlava e si sforzava di finire gli argomenti, così che avrebbe dato modo ad entrambi di salutarsi e andare a dormire al riparo dal freddo, con la promessa di vedersi nuovamente l'indomani, dopo una sana dormita rigenerante e con il sole sopra le loro teste a rinvigorire i volti.

D'un tratto i due si salutarono con un abbraccio. Evidentemente il ragazzo era riuscito a portare a termine tutti i discorsi. Guardò un'ultima volta la ragazza mentre gli voltava le spalle e si dirigeva senza saperlo verso la direzione di Iulei, che era ancora ben nascosto, e poi se la filò anche lui, dalla parte opposta, passando accanto al circo e calciando sovrappensiero qualche sassolino.

La ragazza seguiva un passo molto svelto, addosso aveva delle scarpe bianche e dei pantaloni neri, sopra, a ripararla dal freddo, aveva una giacca lunga e marroncina. Ancora non aveva visto Iulei occultato dal buio della notte e dal vaso, guardava in basso e sorrideva tra sé e sé, filando dritto e pensando ai fatti suoi. Fino a quando, raggiunto il nascondiglio del vagabondo, quello non attirò la sua attenzione.

«Ehi!» disse egli.

Quella sobbalzò e lo ignorò, aumentando l'andazzo del proprio passo e indossando delle cuffie, sforzandosi nel far finta di niente. Sapeva, da sempre, che a dar corda a gente che vuole importunarti di proposito si rischia di non scollarseli più di dosso, e non aveva la minima voglia di trovar rogne a quell'ora della notte.

«Dico a te! Ho bisogno di un favore.» insisté Iulei, che evidentemente non era più in grado di carpire i segnali che gli vengon palesati innanzi.

Lei fece per tirar fuori il cellulare dalla saccoccia, per chiamare qualcuno di sua conoscenza che potesse darle un minimo di aiuto in quella situazione che la intimoriva. Iulei, non sopportando di sentirsi ignorato in tal modo, le andò addosso, prendendola e tirandola per il braccio. Ella urlò e cercò di divincolarsi da quella presa, Iulei si imbestialì a causa delle urla, si toccò la testa che tanto forte gli doleva e colpì la ragazza per farla stare zitta e porre fine ai propri dolori. Quella cadde, perdendo l'equilibrio, lui fece uguale, visto che era aggrappato al suo braccio. Il colpo che le aveva inferto non si dimostrò troppo forte, considerando che le sue braccia eran due stecchi e non avrebbe potuto far male neanche volendo, ma trovandosi così, stesa a terra e con lui che non la mollava, ella si spaventò e urlò ancor più forte, iniziando a tirargli dei calci.

Nessuno giunse in suo aiuto, neppure il ragazzo con cui parlava, che si era allontanato di chissà quanto. Si sa, le finestre di notte non hanno orecchie da porgere a chi chiede aiuto nel buio. Quindi Iulei ebbe tutto il tempo del mondo per aggrapparsi alla borsa e strattonare. Lei gliela lasciò e fuggì via alla velocità della luce. A quel punto rovistò all'interno della borsetta, scostando un pacchetto di fazzoletti, un mini pettine, due robe per il trucco, e, infine, pigliando in mano il portafogli, dal quale tirò fuori i documenti. Gettò a terra la refurtiva e tutto il suo contenuto e si recò nuovamente alla macchinetta.

«*Selezionare il prodotto.*»

Pigiò ancora una volta sulle Marlboro rosse. Sempre quelle, sempre le stesse sigarette che fumava anche suo padre.

«*Inserire documento d'identità.*»

Gli parve che il tono robotico fosse cambiato, come se la voce metallica lo stesse rimproverando e giudicando. Inserì il documento nell'apposita fessura.

«*Inserire l'importo.*»

Obbedì, ficcandoci gli ultimi soldi che c'aveva.

«*Erogazione del prodotto in corso.*»

Si chinò e prese il pacchetto dallo sportello in basso.

«*Grazie, e arrivederci.*» gli rispose, in modo gelido.

Finalmente aveva il suo pacchetto di sigarette in mano. Lo aprì e tirò fuori una paglia che si portò subito alle labbra secche e screpolate, inumidendola con la poca saliva che gli era rimasta. Guardò il nome sul documento: «grazie, Eleonora.» disse, a bassa voce. Cercò di ignorare i sensi di colpa che lentamente incombevano. Si diresse verso la borsetta violentata e rimise il contenuto dentro ad essa, cercando di riparare al danno appena fatto, poi la prese su da terra e la appese al vaso là vicino, convincendo se stesso che almeno la ragazza avrebbe ritrovato ciò che le apparteneva, nel caso fosse ripassata per di là.

Volle scappare da lì, aveva fatto una brutta cosa e se qualcuno fosse giunto per indagare lui non avrebbe saputo cosa dire, e si sarebbe trovato costretto a confessare ciò che aveva commesso.

Si girò, un pugno chiuso gli si piantò sulla mandibola. Diavolo, non se l'aspettava. Per poco non cadde, la sigaretta volò via. Cercò di guardare il volto del suo carnefice, ma vide solo un'altra mano chiusa incombere verso di lui con una violenza non appartenente a questo mondo. Cadde e si rannicchiò, riparando il volto con le braccia e lo stomaco con le ginocchia. Quello lo prese per il braccio e lo tirò su, erano faccia a faccia. Iulei riconobbe il ragazzo alto che prima parlava senza tregua con Eleonora. Da così vicino poté notare la barba non fatta e il volto stanco. Era giovane, ma non pieno di vita come sarebbe dovuto essere, aveva lo sguardo spento e, davanti a Iulei, era diverso da come era parso pochi minuti prima: non spiccicava parola alcuna e una silenziosa rabbia viscerale gli si leggeva sul volto. Quello guardò la propria vittima. Avesse potuto uccidere con solo lo sguardo, Iulei sarebbe certamente crepato lì, davanti a lui, senza neppure aver avuto il tempo di finire l'ultima sigaretta. Provò a parlare, a giustificare ciò che aveva fatto, ma non riusciva ad aprire la bocca, gli faceva un male cane, a causa dei colpi. Riuscì solo ad indicare la borsa appesa. Quello la guardò, e Iulei pensò che l'avrebbe lasciato in pace, ma un altro destro gli si piantò dritto sul volto, poi un sinistro, seguito da un montante. Sotto tutti quei colpi ancora una volta cadde a corpo morto. Il ragazzo lo guardò accasciarsi a terra e finalmente lo lasciò, prese la borsa e poi scappò, là dove prima di lui era fuggita la compagna: il coraggioso cavaliere che torna dalla principessa, trionfante, a prendersi la gloria meritata.

Lo scarto della società, accasciato a terra, cercò con la mano la sigaretta volata via. La prese tra le dita e, a stento, con un accendino vecchio che emetteva una flebile e scarsa fiammella, se l'accese. La portò alle labbra e tirò una lunga e intensa boccata, un respiro.

Marlboro, le sigarette che fumava anche suo padre. L'unica cosa in grado di farlo ancora sentire vicino a lui, l'unica in grado di riportarlo nel passato senza ferirlo, tra mozziconi spenti sulle braccia e coltri di fumo che riempivano la stanza. Fumava per quello, per suo padre, e non aveva mai saputo, almeno fino a quel momento, di quanto ne avesse realmente bisogno. Aveva rischiato la vita e aveva toccato ancora di più il fondo per una semplice e piccola dose di sanità mentale. E, con la paglia che penzolava tra le labbra, e il fumo che si espandeva verso l'alto, sanguinante e ferito, pensò che in fin dei conti ne era decisamente valsa la pena.

Si ridestò per un attacco di tosse, ma non uno dei soliti, un groppo di saliva lo stava facendo soffocare nel sonno. Sputò tutto quello che aveva in bocca e si distese di nuovo a pancia in su, completamente rosso per il sangue, tutto un dolore e, ancora, solo. Volse lo sguardo verso l'alto cielo e vide solo qualche stella. Non scorse la luna, era ancora nascosta ai suoi occhi. Aveva perso la via, nell'ultimo periodo, e insieme a quella anche la costante sopra la propria testa.

Abbassò lo sguardo, dirigendolo davanti a sé, vide la facciata incompleta e in pietra della cattedrale settecentesca che torreggiava davanti a lui. Un emblema bianco con una croce incisa si trovava sopra i portoni verdi. Non capiva come ci fosse arrivato, lì davanti, ipotizzò di essere sonnambulo. Non ci rimuginò troppo e pensò che dentro alla chiesa avrebbe trovato un buon riparo dal freddo. Certo, poteva anche tornare al circo da Hugo, mettersi accanto a lui e dormire, anche per terra. Ma dentro alla chiesa nessuno l'avrebbe disturbato, contrariamente che al circo. In fin dei conti era sempre una sacra dimora, quella, non avrebbe fatto nulla di male dormendoci dentro. Cercava Dio nel momento del bisogno, non è invero quello che fanno tutti? Lo stava solo facendo a modo suo. Dunque salì i tre scalini e poggiò la mano sui portoni alti e spintonò. Niente da fare, quelli non si mossero. Provò altre volte, più forte, ancora niente. Bussò, tirò pugni, disperato, e quelle salde rimasero.

Le chiese, di notte, sono chiuse. Anche la fede dorme.

Decise che al circo non ci sarebbe tornato, e la voglia di arrivare fino all'edicola era ben poca. Non che distasse di chissà quanto, ma era così tanto stanco che il solo pensiero di percorrere qualche metro a piedi lo faceva star male. Dunque si sedette sul secondo gradino davanti alla chiesa e si abbandonò ad un sonno profondo.

In alto, le stelle.

Si svegliò di botto, sentendo uno strano dolore al fianco sinistro. Si trovava sempre sui gradini della chiesa, tutto scianchettato e in solitudine, con le braccia premute sul petto. Con una mano si tastò il fianco dolente e le dita si andarono a posare sulla punta dura di una scarpa. Quel baciccia del prete gli tirava li calci per svegliarlo.

«Ma allora!» urlava, tutto rosso per la rabbia e per il sole. «E spostate 'n po', fijo de 'na mignotta! Da qui la gente deve passare! Sei bello ma non invisibile, imbecille!»

Iulei, ancora attonito per il risveglio non proprio dei migliori, si scostò un poco, facendosi tutto chiuso e spinto nell'angolino degli scalini.

«Quanno te cavi da qui?!» gli urlò il baciccia, dandogli le spalle ed entrando in chiesa.

Uscì nuovamente poco dopo, era notte fonda. Si vedeva ben poco, senza la luna a far da faro, solo tante piccole luci in lontananza che incombevano verso la chiesa. Il prete spalancò le porte, accogliendo, tutto sorridente e affabile, la gente che entrava a fiume dentro la cattedrale. Urla di insensato giubilo giungevano all'orecchio di Iulei.

«Buona Pasqua!» urlava uno.

«Buona Pasqua anche a te!» rispondeva l'altro.

Nessuno si filava il senzatetto appioppato sui gradini. Le campane squillavano senza tregua, tanto che a Iulei iniziò a scoppiare la testa, intanto la gente entrava senza fine in chiesa, sfoggiando ognuno il proprio abito migliore. Si stringevano a vicenda mani sporche e omertose, si davano pacche sulle spalle e pizzicotti sulle guance. Baciamano e baciaguancia. Si scambiavano saluti d'ogni tipo e abbracci ipocriti.

S'era fatta Pasqua e Iulei neppure se ne era accorto.

Alla fine si era ridotto come Corrado, che aveva perso il conto dei giorni. Quando quello glielo disse Iulei pensò che fosse una cosa anomala, ma a quanto pare non lo era affatto, ci era cascato pure lui. Quando vivi per la strada, dove ogni giorno pare un'altro, ti svegli che è Natale e il giorno dopo è già Pasqua e non ricordi che ti è capitato nel mezzo. La messa notturna pasquale cominciò e Iulei l'ascoltò da fuori, fino a quando gli occhi si fecero pesanti, fino ad addormentarsi sotto quella cantilena.

Si risvegliò un'ora dopo. Il continuo calpestio di scarpe di gente frettolosa che fuggiva da quel luogo dove tutti eran rei lo svegliò, così come il vociare indistinto di quel gregge che pareva più sensato ascoltare un cane che abbaia al vento, che almeno qualcosa per davvero cerca di esprimere. Il gregge era stato a messa, ora ognuno di loro poteva continuare a peccare indisturbato da ulteriori prediche. Passando ignoravano ancora Iulei rannicchiato accanto ai loro piedi.

Era innegabile, aveva toccato il fondo, era divenuto lo spettro di sé stesso. Ma questo gli avrebbe dato più slancio? O avrebbe continuato a scavare ancora più sotto? Fatto sta che si alzò in piedi sulle gambe traballanti. Cazzo, era dimagrito davvero tanto. Da quant'è che non mangiava? I pantaloni manco gli stavano su, la barba era una roba che gli copriva quasi del tutto il collo in lunghezza. Non aveva la forza di muoversi e c'aveva ancora un gran bel freddo. Non capiva se fosse perché faceva veramente tanto freddo o se era lui che stava proprio male. Si accovacciò, perché così stava più comodo, e con gli avambracci si tirò avanti, strisciando verso l'entrata della chiesa, fino a varcarne la soglia. Una volta dentro, steso, in mezzo alle file di panche lungo la sua sinistra e la sua destra, alzò lo sguardo verso il crocifisso, batté le palpebre e svenne, battendo la testa sul pavimento marmoreo. Il rimbombo si propagò nell'aria.

«Che vita animale, eh?»
Iulei non riuscì a distinguere il volto di chi aveva affianco, non sapeva neanche da quanto tempo quella figura indistinta stesse parlando con lui. Era tutto così confuso, così buio.
«Guardati, stavi decadendo e io pensavo ai fatti miei.» continuò a dire la figura, «vediamo sempre i nostri problemi, mai quelli degli altri, mai quelli di chi ci sta vicino, non sentiamo quando ci chiedono aiuto con gli occhi, anche se i loro occhi parlano più della loro bocca.» concluse.
Egli non capiva. Voleva rispondere, chiedere cosa stesse accadendo, ma gli veniva difficile anche solo restare sveglio, dunque chiuse le palpebre, che gli caddero come macigni, e quando le riaprì la voce non c'era più, era nuovamente solo. Al suo posto passava di tanto in tanto un'altra figura, vestita di azzurro, che lo guardava tutta interessata e poi se ne andava. Non la conosceva, non aveva un volto. Sopra di sé una luce bianca e accecante. Era in parte a causa di quella luce se faticava a tenere gli occhi aperti. Una serie di bip costanti gli perforava le orecchie.
«Non ti ho portato fiori, non ho voluto. Cazzo, i fiori si portano ai morti, tu sei vivo! Semplicemente ogni tanto te lo dimentichi.» era la figura, era tornata.
Gli strinse forte la mano, e Iulei, sentendo il contatto delle sue mani sulla propria, non abituato, volle ritrarsi, ma non ci riuscì. Una fatica viscerale glielo impediva.

Qualche goccia bagnata gli percorse la mano. La figura piangeva. «Sarò più presente, hai bisogno di qualcuno al tuo fianco.»

Buio. Era notte, era solo, un fascio di luce giungeva da in fondo alla stanza. Avvertiva un fortissimo bisogno di deliberare, di mollare la presa, ma qualcosa glielo impediva. I suoi arti non rispondevano agli impulsi del cervello, credeva di essere come bloccato o incatenato al suo giaciglio. I reni gli dolevano, era certo che presto sarebbe scoppiato lì. Voleva morire. Cosa aveva fatto per meritarsi quello stato di prigionia? Tentò di liberarsi dal peso che lo schiacciava sempre più giù, invano, più ci provava e più quello premeva. Gli mancava la strada, la libertà. In quel momento non si sentiva libero. D'un tratto percepì calore, si sentì le gambe bagnate, si sentì libero.

Tastò il materasso sotto di sé muovendo leggermente la mano, e constatò che era tutto asciutto. Colpi di tosse secca e continua giunsero dalla sua sinistra. Si girò, le forze in parte gli erano tornate. Gli occhi impiegarono qualche secondo, forse minuto o magari ora, per abituarsi alla luce abbagliante della stanza illuminata a giorno in cui si trovava. Ma pian piano iniziò a vedere sempre più chiaramente un vecchio steso su di un lettino accanto a lui. Aveva le lenzuola tirate su fino al collo e una maschera per l'ossigeno davanti alla bocca, le braccia eran fuori dalle coperte, stese lungo i fianchi, ed erano magre e rugose e piene di chiazze.

Era calvo, oltre ad un paio di capelli bianchi che spuntavano impudici e selvaggi. Il suo volto, sotto un migliaio di rughe, era giallognolo e scavato. Non sapeva chi fosse, quell'uomo, non l'aveva mai visto prima. Ma sembrava davvero ridotto male. Guardò la parete davanti a lui e vide un calendario colorato appeso per il lungo. Ci impiegò un po' per riuscire a distinguere le lettere e i numeri buttati lì. Si sorprese quando, contro ogni sua previsione, vide che il calendario era aperto sulla pagina di giugno. Qualcuno vestito da infermiere si era messo davanti al letto di Iulei a guardare qualche foglio, coprendo la sua vista, poi aveva biascicato qualche parola incomprensibile alla svelta, e poi se l'era filata. Iulei non aveva capito nulla, ma non gli importava ciò che quella persona avesse cercato di dirgli, perché fu a quel punto, vedendo la flebo nel suo braccio, la stanza cadaverica e sentendo i continui *bip* delle macchine, che capì di trovarsi in ospedale.

E una sola domanda aleggiava nella sua mente: come ci sono arrivato qui?

Prosopagnosia

"Nascondi ciò che sono e aiutami
a trovare la maschera più
adatta alle mie intenzioni."
William Shakespeare

Chi sei?

«Chi sei?»
«Ma come chi sono? Pa', sono io!»
«Io chi?!»
Il vecchio impiegò un po' di tempo per riconoscere la ragazza davanti a lui.
«Oh, Giulia!» disse, una volta che l'aveva riconosciuta. «Piccola mia, come stai? È tanto tempo che non vieni a trovarmi, sei sempre a lavoro.» riprese.
«Sto bene pa'! Tu come stai?»
«Bene, piccola mia, bene. Mi sento un po' solo, ecco tutto.»
«Immagino, ma dove lavoro adesso faccio degli orari del cazzo.»
«Modera il linguaggio, Giulia. Sono vecchio ma mica sordo!»
«Scusa, scusa.» arrossì per l'imbarazzo. Si fece più calma nel momento in cui constatò che suo padre avrebbe dimenticato tutto il discorso nel giro di poche ore.

«Dove lavori ora, piccola?»

«In un bar lì sul Viale Roma. Pieno di cafoni, come tutti i bar, credo.»

«Il datore di lavoro com'è? È un brav'uomo? Spero per lui che sia un brav'uomo, altrimenti io…!»

Giulia pensò ad Elvis e alla sua cafonaggine. «Un brav'uomo.» mentì.

«Lo capisco quando mi menti. Sarò vecchio, ma mica stu…»

Giulia lo interruppe. «Pa', sto bene. Non ti preoccupare per me.» gli accarezzò una mano.

Il vecchio stette qualche minuto in silenzio, fissando un angolo vuoto nella stanza e respirando profondamente, interrompendosi di tanto in tanto per tirare qualche colpo di tosse.

«Giulia?!» disse, all'improvviso.

«Sì?»

«Che ci faccio qui? Perché non sono nel mio letto? Dove siamo?» il vecchio iniziò ad agitarsi.

«Siamo in ospedale, pa'. Va tutto bene.» qualche lacrima percorse le sue guance, seguendo la curva delle labbra umettate, finendo per mischiarsi con la saliva sulla lingua e infrangersi sulle lenzuola.

«Da quanto siamo qui?»

«Qualche giorno, hai bisogno di cure.»

«Perché non siamo a casa, piccola?» disse, poi adagiò una mano sul volto di lei e le asciugò le guance umide con il pollice.

«A casa stavi peggiorando, ok? Ma ora andrà tutto bene, avrai le cure di cui hai bisogno, pa'.» disse con voce tremante.

«Mi starai accanto?» una luce illuminò i suoi occhi.

«Sì, sarò qui. Ci sarò.» detto questo uscì dalla stanza.

Fuori pioveva. Veniva giù della gran acqua da tutto il giorno, da quando Giulia era andata a trovare il padre. La pioggia pareva non voler smettere, e il ticchettio sul vetro la innervosiva. Era andata a prendersi un caffè nel barettino dell'ospedale, per staccarsi un po' da suo padre e avere due minuti per pensare. Guardò fuori, la finestra era bagnata, rivoli d'acqua percorrevano tutto il vetro, facendo a gara a chi prima toccava il fondo, un po' come fanno gli esseri umani. Decise di chiudere la tenda della finestra accanto al suo tavolino. Non avrebbe smorzato il rumore, certo, ma almeno non avrebbe visto il tempo cupo fuori, che le metteva ancora più tristezza. Voleva solo bere un caffè in santa pace. Era difficile per lei non piangere a dirotto davanti a suo padre, quando gli parlava, ma non poteva permettersi di crollare davanti a lui, anche quando tutto pareva pessimo doveva trattenersi, per darsi forza, per darla ad entrambi.

Tirò fuori il cellulare, volle vedere se Ettore le avesse scritto. Sul display non c'era notifica alcuna ma lo sbloccò ugualmente, per distrarsi, e guardò due *news* alla svelta. C'era ancora la guerra, in testa ad ogni notizia. La gente commentava che era un guerra distante e che non riguardava loro, che dovevano pensare ad altro. Che i cazzi degli altri non li riguardavano. Bloccò il cellulare con nervosismo e lo ficcò in tasca, con le cuffiette bianche arrotolate attorno. Il caffè era divenuto freddo e pareva acqua sporca, lo buttò comunque giù tutto d'un fiato e fece una smorfia per il saporaccio. Sentiva il bisogno di fumarsi una sigaretta ma i calcetti che sentiva in pancia gli ricordarono che era meglio non farlo.

Nel giro di pochi mesi avrebbe dato vita ad un piccola e

indifesa creatura, pregava ogni notte affinché suo padre vivesse abbastanza da vedere il suo futuro nipotino, ma era al tempo stesso cosciente del fatto che con ogni probabilità non l'avrebbe mai visto. Si alzò, prese la tazzina vuota e la lasciò al bancone del bar ricco di gente, poi tornò nella stanza romita da suo padre.

Bussò alla porta, nonostante fosse aperta, per mantenere i convenevoli, per fare finta che tutto andasse bene.

«Ehi.» disse ella, facendo capoccella dentro.

Quello si animò subito, «piccola, dove sei stata?»

«Un attimo al bar, tutto bene?»

«Sì, sì. Il tuo vecchio sa ancora badare un minimo a sé stesso.» sorrise.

«Scusa, pa'...» si scusava sempre, da quando lui stava male. Era come se sentisse il dovere di scusarsi anche da parte di sua madre, che non c'era mai.

«Ettore che dice?»

«Non ha ancora finito di lavorare.»

«È un brav'uomo, sono contento che ti stia accanto. Ha un cuore puro.»

Giulia rispose con un sorriso.

«Avete deciso? Il nome del venturo, intendo.»

«Ancora no. Ettore ha qualche idea, ma ancora non ne abbiamo parlato per bene.»

«Sai,» rispose, tutto preso per ciò che stava per dire, «quando tua madre scoprì di essere incinta, il mio cuore si riempì di gioia. Passavamo giornate a pensare ai nomi, fu lei a consigliare Giulia e io concordai subito. E quando scoprimmo che eri una femmina fummo subito convinti sul nome. Ma avevamo scelto anche un nome di scorta, nel caso fosse uscito fuori un maschietto, come sarà poi del resto il tuo...» si interruppe, fissò un angolo della stanza, con gli occhi spenti, senza muoversi. Nel mentre Giulia lo guardava e a stento riusciva a trattenere le lacrime.

Lasciò a suo padre il tempo di pensare, poi chiese, con voce tremante e le gote rosse: «qual era il nome?»

Suo padre ricambiò lo sguardo. La luce di poco prima s'era spenta. I bip erano costanti. Volse ancora lo sguardo in un angolo della stanza, tastò le coperte, ne strinse i lembi con le mani emaciate e canute. Tossì. La guardò di nuovo.

«Chi sei?» chiese infine, con voce roca e poco fiato in corpo.

Il giorno dopo non pioveva, ma si sentiva il fresco che il maltempo aveva portato. Era mattina e le strade erano ancora bagnate e fredde. In giro un gran viavai di gente tutti coi loro problemi da sistemare, neanche avevano il tempo di guardarsi in faccia l'un l'altro. Era estate ma pareva dicembre, a causa di quel cielo plumbeo. C'era qualcuno che si lamentava per il tempaccio, qua e là. Giulia pensò che se ci fosse stato il sole si sarebbero lamentati per il caldo opprimente. Così, per semplice voglia di dire il proprio parere riguardo qualcosa che tutti vivono, sentendosi i migliori in quel campo, ponendo sul tavolo solo altre opinioni inutili col fine di cadere nella monotonia.

Fatto sta che camminava alla svelta, a lavoro aveva finito, non sarebbe tornata, mai più. Quello stronzo di Elvis l'aveva licenziata solo perché si era permessa di chiedere un po' di tempo a casa, visto che faticava a lavorare con il pancione che si faceva sempre e sempre più grande.

«Detto fatto,» disse lui, «licenziata.»

Non voleva raccontare questo accaduto al padre, altrimenti sarebbe rimasto in pensiero per lei, e non voleva dargli quel peso da sopportare. Temeva, tuttavia, che lo arrivasse a capire da sé, come faceva sempre. Ma che importanza avrebbe avuto? Tanto nel giro di qualche ora se ne sarebbe dimenticato. Dannata sia la memoria.

C'era un lato positivo: senza più il lavoro aveva trovato più tempo per stare con lui. Ormai stava proprio poco a casa insieme al suo compagno, ma Ettore era tranquillo. Sovente l'andava a prendere a notte fonda in ospedale, per non farla tornare a casa a piedi da sola. Non gli pesava, voleva solo che lei stesse bene e passasse il tempo che credeva di dover passare con il suo vecchio.

Nel frattempo i giorni passavano e il nome del venturo non era venuto fuori. Prima o poi avrebbero dovuto affrontare la cosa e prendere una decisione. Ettore ci aveva provato più di una volta a parlarne, ma lei, volendo evitare tale discorso, aveva sempre cambiato argomento. Prima di pensare ad un nome campato per aria voleva sentire quello che suo padre aveva conservato. Dunque pensava a come tirare fuori l'argomento con lui. Non voleva forzare troppo la mano, che molte volte quando qualcuno viaggia nei ricordi finisce per starci male, e non era il suo intento far riesumare al suo vecchio ricordi che potessero ferirlo, ma voleva sapere, prima che avvenisse l'inevitabile.

Quella mattina stava andando in ospedale, aveva comperato dei fiori e si era fatta coraggio, che le serviva. Il mazzo era composto dai fiori più colorati trovati dentro al negozio, così avrebbe dato un po' di vita a quella stanza bianca come la morte. Deambulava alla svelta, finché un passante la fermò.

«Giulia?! Ciao!» fece quello.

«Ciao, ci conosciamo?» non sapeva chi fosse, credeva di non averlo mai visto prima. Aguzzò lo sguardo e lo guardò negli occhi, oltre gli occhiali da vista tondi.

«Non ti ricordi di me? È passato un fracco di tempo!» era di una contentezza che ormai l'abbracciava, ma si tratteneva.

«Oddio scusami ma non mi vieni in mente! Chi sei?»

«Sono Arturo! Uscivamo con gli altri del gruppo da bambini!»

Giulia s'illuminò tutta di botto e sorrise più che poté. «Artur! Quanto tempo.» disse, abbracciandolo con forza.

Quello si trovò impacciato, a causa del pancione. Era sempre così con le donne incinte, aveva paura di far loro del male. Ma Giulia, che aveva un po' più di sale in zucca, lo strinse a sé e allora lui si abbandonò all'abbraccio. «Sei cambiato un sacco!» disse ella.

Ed era vero, era più alto e in ottima forma, la schiena un poco curva di chi passa molto tempo o lavora al computer. L'unica costante che lo univa al sé stesso del passato erano gli occhiali da vista, che di tanto in tanto gli scivolavano giù e doveva riassestarli col dito.

«Tu per niente. Oltre ai tuoi capelli, che sono sempre più biondi.» disse, con fare ironico.

«Che fai ora? Lavori?»

«In un certo senso sì. Scrivo libri, ho pubblicato il quinto.»

«Che bello! Fammi indovinare, scrivi gialli.»

«Proprio così.» rispose, ridendo. «Tu che fai? Vedo che aspetti una creatura.»

«Sì, un maschio, il padre è Ettore.»

«Lo sapevo che vi sareste trovati, voi due. Gli altri del gruppo li hai più visti?»

«Oltre a Ettore nessuno. Pare siano scomparsi tutti.»

«Sai, il gruppo si sfaldò, una volta che te ne andasti tu. Ognuno prese la propria strada da quell'agosto»

«Non mi scuserò mai abbastanza.»

«Non serve scusarsi, non ti accollare colpe che non hai.»

Ci fu un attimo di silenzio, poi Arturo riprese. «Ho visto Miranda ieri. Cercava il fratello, diceva che a casa non l'aveva trovato.»

«Oh, da quanto tempo non la vedo! Mi farebbe un sacco piacere stare un po' con lei e il fratello. Dov'è ora?»

«Non lo so, ma ha detto che sarebbe stata poco. C'è suo marito che l'aspetta, in città.»

«Capisco. Se dovessi rivederla salutamela!» lo informò. Poi guardò l'ora, e disse: «scusami ma adesso devo proprio andare, c'è mio padre che mi aspetta. È stato un piacere vederti di nuovo!»

Arturo l'abbracciò, per salutarla.

Lei, prima di andar via, gli disse: «comprerò uno dei tuoi libri!» risero entrambi e ognuno andò per la propria strada.

Giulia proseguì la marcia verso l'ospedale, riflettendo sulle parole che il suo amico aveva detto: "non ti accollare colpe che non hai." Non era facile per niente, ma si promise che avrebbe seguito il consiglio, o almeno ci avrebbe provato.

Una volta giunta a destinazione notò subito che qualcosa era cangiato, all'interno di quella stanza spettrale. Suo padre sul letto non si muoveva, gli stati di veglia erano sempre meno, e di fatto in quel momento dormiva tutto bello pulito e apparecchiato, pareva un chierichetto. La maschera dell'ossigeno gli copriva il volto e Giulia la detestava, le impediva di guardarlo bene. Lasciò i fiori sul comodino accanto. Nel mentre aveva individuato cosa ci fosse di diverso confronto ai giorni precedenti. Una tenda si era chiusa attorno al secondo lettino della stanza, accanto a quello di suo padre. Un paziente nuovo? Non curiosò più di tanto e si sedette accanto al suo vecchio, senza disturbarlo, lasciando che dormisse in santa pace.

In poco tempo si svegliò, tra un colpo di tosse e l'altro. «Chi è che mi hanno messo in stanza?» disse, appena dopo aver aperto gli occhi.

«Non lo so, pa'. Ma non ci pensare, ti ho comprato dei fiori.»

«Oh, tesoro mio. Grazie tante.» li prese e li osservò, perdendosi in essi.

«Come stai oggi, pa'?» chiese Giulia, sia per mantenerlo vigile, sia perché le interessava.

La guardò e la presa suoi fiori si sciolse e quelli si adagiarono sul letto. «Mi hanno assegnato un coinquilino nuovo, questa notte, hai visto?» disse, indicando con l'indice lungo e tremolante la tenda chiusa lì accanto.

«Sì pa', ho visto.» rispose ella, rassegnata e triste.

«Sai chi è?» chiese, tossendo.

«Non me l'hanno detto. Speriamo sia un brav'uomo, o no?» disse, sorridendo.

Il vecchio inarcò le sopracciglia, parve concentrarsi. Osservava confuso i fiori come fossero venuti fuori dal nulla. Magari si domandava perché quelli fossero lì, magari cercava di scavare nella memoria di modo da tornare al momento in cui li prese in mano. Nel guardarlo, si poteva percepire a pieno lo sforzo a cui egli era soggetto. Giulia lasciò che facesse ordine tra i pensieri indisturbato, senza fargli troppe domande inutili.

Lui, d'un tratto, aprì bocca. E le disse, dopo un attimo di esitazione, sovrappensiero: «penso di conoscere il coinquilino nuovo.»

«Pa', non fasciarti la testa per nulla, quando lo vedremo capiremo, ok?»

«Francesco!»

«Cosa? Cosa centra?»

«Quell'uomo, l'ho visto! Aveva il volto di Francesco, ma il suo corpo era ridotto ad uno scheletro.»

Giulia rimase confusa da tale affermazione, ma non volendo farlo notare al padre, che già aveva i suoi problemi, dunque rispose «va bene, Ma ora riposati, ok?»

Quello si calmò e fissò il soffitto, come pietrificato. Giulia si domandò se credergli o meno, era una vita che non vedeva Francesco, sarebbe stata una bella coincidenza averlo nella stessa stanza di suo padre. Eppure pareva così convinto.

Dopo qualche giorno trovò la tenda spalancata. L'uomo si trovava in uno stato di dormiveglia. Suo padre era ormai divenuto tutto ossa e tosse, gli stati di veglia si contavano sulle dita di una mano mozzata. L'ultima notte di vita si faceva sempre più vicina. L'inevitabile stava giungendo, la certa attendeva ai piedi del letto con la sua lunga falce e il cappuccio nero tirato su, a coprirgli nuca e capoccia. L'uomo misterioso mostrava la schiena scheletrica, la spina dorsale come una duna, era rivolto verso le finestre alla sua destra. Giulia non lo poteva vedere bene in volto, e non volle neppure farlo, per rispetto. Ma se fosse stato per davvero Francesco? Oh, che gioco di coincidenze!

Dunque passò giornate intere da solo e steso sul letto, senza nessuno che lo andasse a trovare e senza aprire mai bocca. Giulia non voleva dare retta ai deliri onirici e confusi di suo padre, voleva solo passare il tempo che gli restava al suo fianco e nient'altro, finché avessero avuto tempo da passare insieme, che il tempo non è mai abbastanza, soprattutto quando si tratta di passarlo con le persone a cui vogliamo bene! Finché un pomeriggio la curiosità ebbe la meglio.

Era appena stata a prendere un caffè e suo padre non voleva svegliarsi. Guardò il malato assopito, lo beccava sempre mentre dormiva. Ci pensò su e poi fece il giro del letto, andando dalla parte opposta. Quando ebbe davanti a sé il suo viso lo fissò con fare interrogativo. Aveva un occhio nero, le palpebre infossate e socchiuse, le labbra erano secche e livide, respirava a fatica. I suoi occhi si mossero guardando quelli della ragazza davanti a lui e si chiusero subito dopo, come non fosse pienamente cosciente. Si inginocchiò, avendo così modo di vedere meglio lo sventurato. Quanti anni erano passati! Tuttavia ella, guardandolo, lo riconobbe subito.

Disse, tutta sbalordita e gioiosa: «non ci posso credere, Francesco, sei davvero tu!»

Chi sono?

«Chi sono?»
Più si guardava allo specchio più se lo chiedeva.
Perché, sia ben chiaro, lui *è* Iulei e non poteva essere qualcun altro. Era in ospedale e non sapeva da quanto, il vecchio accanto a lui gli dava sui nervi, non la smetteva mai di tossire. Anche lui ce l'aveva, la tosse, ma quello partiva e se non faceva una serie di dieci colpi non era contento. Dieci per davvero, contati. Insopportabile, non lo faceva dormire. Era il suo primo giorno di veglia, ma voleva già evadere. La ragazza che andava a trovare il vecchio lo infastidiva, era strana e sentiva i suoi occhi addosso. Era tutto così strano, così anomalo. Almeno aveva capito, nel corso della giornata, come era arrivato là: era svenuto in chiesa e lo avevano portato in ospedale. Va bene, ci sta, d'altronde lo avevano trovato malridotto, pestato di botte e tutto magro, quindi come biasimarli? Iulei, lui era Iulei, lo sapeva.
Ma davanti allo specchio del bagno della stanza d'ospe-

dale, con un occhio nero, il labbro graffiato e il naso storto, si chiedeva: «chi sono? Io, non mi riconosco!»

Aveva i capelli corti, glieli avevano tagliati, così come la barba. Forse pensando che così il paziente si sarebbe dato più forza, vedendosi nuovamente in ordine. Ma non fu questo l'effetto che ebbe su di lui, anzi. Più si guardava allo specchio meno si riconosceva. Quanto tempo era stato incosciente su quel dannato letto? Sicuramente giorni interi, settimane. Ricordava di aver avuto capelli e barba lunga, eppure in quel momento era tutto bello rasato: si toccava il volto e se lo sentiva liscio come non lo era da davvero tanto. Qualcuno doveva avergli fatto periodicamente trucco e parrucco. E se serviva fare trucco e parrucco ad un paziente significava che stava lì da molto tempo, incosciente, altrimenti non ce ne sarebbe stato neppure bisogno.

Ok, in realtà neanche gli importava. Stava solo cercando di evitare il problema più grande a cui era soggetto, il fatto di non riconoscersi più. Da restarci pazzi, barba e capelli a parte, qualcuno doveva avergli fatto una chirurgia facciale perché, sticazzi, lui non era mica lui, il suo volto era irriconoscibile.

«Chi sono?!» urlava, allo specchio, senza ricevere risposta.

Constatò che non era proprio in grado di memorizzare alcun volto. Cercava di portare alla mente visi familiari, come quello di Francesco, ma non riusciva. Si accorse di non averlo mai guardato per davvero in faccia. Aveva bene in mente come si vestiva e come si atteggiava, la sua voce e la sua parlata. Il volto era un contorno creato da quelle sue peculiarità. Non sapeva perché stesse vivendo tutto ciò, non aveva mai avuto problemi simili, eppure, quando si guardava allo specchio, vedeva qualcosa di indistinto e irriconoscibile. Doveva aver battuto la testa molto forte o simili, strano che nessuno lo aggiornasse su una patologia come questa. Sempre che non stesse accadendo tutto nella sua testa. Forse stava diventando pazzo.

Abbandonò lo specchio e tornò al proprio letto, decise che sarebbe andato a casa il prima possibile, costi quel che costi. Aveva bisogno di pensare a cosa gli stesse capitando e di chiarire con Miranda. Voleva prendere la vita per le corna, non per il collo di una bottiglia come aveva fatto per tutto quel tempo. Decise di aspettare sera. Grazie alle tenebre nessuno l'avrebbe visto calarsi giù dalla finestra. Dunque attese che il buio riempisse la stanza, poi si alzò dal proprio giaciglio, andò davanti alla finestra e guardò fuori.

Secondo piano. Ok, fattibile., pensò.

Prese le coperte e il copriletto, anche le federe dei cuscini, giusto per stare sicuro. Legò il tutto alla gamba del letto e poi fece per aprire la finestra, che non si mosse. Ne tastò gli infissi fino a che le sue dita non si adagiarono sulla toppa per una chiave. Maledisse tutti gli ospedali del mondo, cacciò due santi e si distese sul letto spoglio, dopo aver slegato le coperte e averle tirate sul materasso con noncuranza e ira.

La mattina dopo stava da cani, come ogni mattina. L'emicrania era bella forte e si sentiva ancora affranto per la missione andata male la notte stessa. Poi i lividi pulsavano da matti. Rimase tutto il giorno steso a pensare a come fare per rubare le chiavi. Al letto accanto la mecca piangeva per suo padre, quello continuava a non capirci nulla di quanto gli accadesse attorno.

Il terzo giorno un'infermiera che non riusciva a distinguere per bene gli si appioppò ai piedi del letto, dicendo cose senza senso. Tipo che non aveva documenti eccetera. Lui rispose che aveva tutto il necessario a casa, lei disse che una volta che si fosse ripreso avrebbe dovuto compilare dei documenti. Tutta 'sta burocrazia e fogli da compilare lo avevano confuso.

Passò il resto della giornata a fissare la finestra alla sua destra, interrompendosi per mettere qualcosa sotto i denti. Quel giorno la ragazza non si era presentata dal padre. Ne fu contento, almeno nessuno gli avrebbe fracassato i timpani coi piagnistei senza tregua.

Di nuovo mattina. Pazzesco, aveva ripreso l'andazzo sul come vivere una giornata: la notte dormiva e la mattina stava sveglio, roba da persona normale, non da uomo della notte quale era divenuto lui.

Ancora non era in ottima forma, ma migliorava di giorno in giorno, presto o tardi si sarebbe sistemato al meglio. Il vecchio peggiorava a vista d'occhio, pareva che Iulei gli stesse prendendo in prestito la linfa vitale. Cercò di identificare chi tra tutte le infermiere che facevano viavai avesse un mazzo di chiavi appeso alla cintola, prima o poi qualcuna l'avrebbe beccata. Se lo pose come obiettivo, per quel giorno. Il fatto difficile stava proprio nell'identificare le infermiere, visto che si accorse di far confusione anche col sesso di chi aveva davanti. Era una roba ostica, dunque, creare una tabella mentale di tutti gli operatori sanitari in carica lì, ma doveva riuscirci, se voleva fuggire.

Sicuramente non una roba da un giorno soltanto, ci avrebbe impiegato più tempo.

Il sesso poteva identificarlo grazie al modo di vestire, alle mani, agli accessori di vario genere tra bracciali, anelli e cavigliere, semplicissimo. L'aveva già fatto con la ragazza del vecchio e non se n'era accorto. Ne stava una, ad esempio, che aveva le mani molto sottili e lo smalto azzurro e rosa alle unghie, dal modo di parlare pareva molto educata e pacata, la voce era femminile, il volto irriconoscibile, ma lentamente ci stava facendo il callo. Be', quella passava spesso in stanza.

Alla cintola non aveva nulla, però in saccoccia nascondeva qualche cosa. Poteva essere il cellulare così come degli spicci che teneva per il caffè. O le chiavi per la libertà.

Poi ce n'era un'altra che invece era orribile. Svogliata, pessimista, diceva le cose perché *doveva* dirle, come fosse costretta da chissà chi, come se fosse l'unica in grado. Si comportava come se ti facesse un favore degnandoti della parola. Iulei iniziò ad odiarla anche solo dal tono di voce, si chiedeva come fosse di faccia. Spesso, le persone odiose e pessimiste, riversano lo schifo che hanno dentro nel proprio aspetto, come fosse una metamorfosi che non sono minimamente in grado di controllare, dandoti modo di riconoscerle subito.

Al collo penzolavano un paio di occhiali marroncini legati ad una cordicella, ma di chiavi non ve ne era traccia alcuna.

C'era un ragazzo che pareva piuttosto giovane. Passava più che altro di sera, quando l'ospedale taceva, e si poteva sentire solo il ticchettio degli orologi, il bippare delle macchine e la maschera di ossigeno del vecchio lì accanto. Si tirava dietro tutto il necessario per la pulizia, secchio, straccio, bidone e vari sanitari. Era magro, ossuto e pallido, da quanto si capiva dalle mani. Non parlava mai, ma di tanto in tanto canticchiava. Aveva delle cuffie grosse sulle orecchie, dalle quali anche chi gli era accanto sentiva cosa ascoltava. E aveva un mazzo di chiavi che penzolava dalla cintola. Era grande e contava una ventina di chiavi tutte uguali.

Ci aveva messo qualche giorno, ma finalmente aveva individuato la preda. Sapeva cosa fare per evadere, una volta per tutte. Poteva smettere di mentire e inventare cose con la tipa odiosa che gli faceva il terzo grado. Un po' gli dispiaceva per la ragazza dallo smalto rosa e azzurro, che oltretutto aveva anche cambiato smalto e faticava a riconoscerla.

Ora ce l'aveva nero, e lo smalto nero denotava tutta un'altra personalità. Ma era certo fosse lei, la voce era la stessa di prima, impossibile confonderla. Gli dispiaceva lasciarla, era simpatica e gentile, si vedeva che faceva le cose perché ci teneva realmente. Probabilmente non l'avrebbe mai più rivista, e in un certo senso era anche meglio così. Ma poche chiacchiere, pochi ripensamenti, doveva andare a casa.

L'orologio alla parete gli dava sui nervi, il ticchettio era davvero invadente, per questo lui in casa sua li aveva rotti tutti quanti quegli inutili orologi. Però, per quello che doveva fare, gli era tornato utile. Intanto la ragazza del vecchio era tornata a piangere al capezzale. Era pomeriggio e lulei attendeva solo che quella se ne andasse, giusto il tempo per fare una cosa rapida rapida.

Tic, tac, tic, tac.

Ella si alzò, si asciugò le lacrime e se ne andò. Era giunto il momento. Volò giù dal letto e si lanciò verso l'orologio, lo prese e ne spaccò il vetro, prendendo in mano un frammento affilato. Poi nascose l'orologio rotto tra il materasso e la rete del letto e, steso, tenne la sua arma sotto le coperte. La ragazza tornò poco dopo, mentre lui fingeva di dormire, rivolto verso la finestra. Ella si fermò qualche secondo al centro della stanza.

Che sta facendo?, si chiese Iulei.

Ad un tratto se la trovò davanti, non aveva un volto. Lo guardò e Iulei non ne capì le espressioni facciali, non riusciva a determinare cosa ella provasse, mentre lo guardava. Dal respiro sembrava agitata e il fatto che non se ne andasse gli faceva credere che fosse anche interessata a lui, in qualche modo.

Iulei strinse tra le dita il pezzo di vetro rotto, tagliandosi. La ragazza, ad un tratto, urlò di gioia.

«Chi sono?»

Francesco. Perché l'aveva chiamato così? Cos'era accaduto? Quella ragazza doveva essere davvero confusa, per averlo scambiato con un'altra persona. Poi Francesco, che era totalmente diverso da lui! Si era ripromesso di parlarne con lui, quando lo avrebbe visto, per riderci sopra insieme.

Attese che ella se ne andasse, poi si alzò e prese tra le mani un lembo del lenzuolo, strappandolo. Se lo legò sulla mano, per coprire il taglio che si era fatto e che ancora sanguinava. Quella mecca gli aveva smosso qualcosa, quando l'aveva guardato, ma non sapeva cosa. Era una persona senza volto anche lei, come tutte le altre, doveva imparare ad accettare questo suo nuovo modo di vivere e non perdersi nel cercare di riconoscere gente senza un volto.

A sera la questione era già divenuta acqua passata. Non aveva importanza se l'avesse chiamato Francesco o Iulei, doveva portare a termine la missione e fuggire da quel luogo. Il vecchio respirava rumorosamente accanto a lui, i neon in alto sul soffitto erano silenziosi, spenti. Solo dal corridoio giungeva una tenue luce lontana, un silenzio tombale riempiva l'ambiente. Il ragazzo delle pulizie giunse fischiettando, puntuale come ogni volta, con le cuffie alle orecchie ad un volume molto alto, tanto che la musica si sentiva anche da fuori.

"I was rambling, enjoying the bright moonlight"

Lasciò il carrellino blu con il secchio e tutto il resto là sul corridoio vuoto e solitario, poi entrò in stanza, camminando a ritmo di musica, con solo la scopa alla mano che all'occorrenza si trasformava in una chitarra, con le mani leste a seguire gli accordi.

"Gazing up at the stars, not aware of a presence so near to me"

Iniziò a spazzare, seguendo il ritmo della musica, facendo avanti e indietro con la testa, iniziando le pulizie dall'angolo in fondo a destra, dando le spalle a Iulei.

"Watching my every move"

Il nostro, impavido e malandro, si alzò rapido dal letto e colse l'attimo per afferrare il ragazzo da dietro e puntargli il frammento di vetro dritto al collo.

"Feeling scared I fell to my knees, as something rushed me from the trees"

«Le chiavi.» disse Iulei, sussurrandogli all'orecchio e facendo pressione con la mano.

«Ma che cazzo fai? Sei pazzo per caso?!» quello mollò la scopa, che cadde a terra così come le cuffie.

"All had death in their eyes"

«Fa' silenzio e apri la finestra.» l'obbligò Iulei.

«Amico, questo è un ospedale non è mica un carcere!» rispose lui, portando una mano alla cintola per prendere su il mazzo.

Non rispose e lo lasciò ravanare. Cosa voleva saperne quel ragazzetto di carcere o prigionia, era un bidello come un altro, non aveva vissuto come Iulei, non poteva capire. Nel frattempo, il vecchio, dal suo letto, iniziò a tossire rumorosamente. Iulei si spaventò, temendo che qualcuno potesse entrare, e intimò al ragazzo di darsi una mossa, che lui non aveva mica tempo da perdere in fesserie. Solo che a quello tremavano le mani e non riusciva a sganciare il mazzo dalla cintola, poi Iulei che con la mano premeva sempre di più sul suo collo non lo aiutava per niente.

"By luck then a skirmish started and took the attention away from me"

Il malato si animò, tossendo sempre più forte, poi si fermò tutto d'un colpo. Il bippare della macchina si faceva lentamente sempre meno costante, sempre più esausto e strascicato.

Il ragazzo aveva capito alla svelta, serviva chiamare qualcuno, o il vecchio rischiava di morire.

"When you know that your time has come around"

«Dobbiamo aiutarlo, sta morendo!» disse il ragazzo, contorcendosi nella stretta del suo carnefice.

"You know you'll be prepared for it"

Iulei prese il comando della situazione: gettò il frammento di vetro a terra, mandandolo in frantumi. Poi, con ambedue le mani libere, allentò la stretta sulla propria vittima e la afferrò per i calzoni, rubandogli il mazzo di chiavi con uno strattone che ormai si tirava dietro anche il pantalone. E dopo aver ottenuto il bottino tanto bramato, andò dritto alla finestra, cercando tra tutte la chiave che entrasse nella fessura. Intanto l'altro si era lanciato sul moribondo e aveva suonato il campanello di allarme più e più volte. Il monitor vicino al letto mostrava una linea diritta e continua e priva di qualsiasi onda, il bip era divenuto uno solo e continuo. Iulei prese la propria giacca appesa, guardò i due un'ultima volta, salutò con un cenno il vecchio, conscio che fosse morto per colpa sua, aprì la finestra e scavalcò, gettandosi di sotto.

"Say your last goodbyes to everyone"

Correva tanto che quasi rischiava di cadere inciampando sui suoi stessi piedi. Aveva guardato in faccia il passato e non l'aveva riconosciuto, l'aveva rinnegato ed era scappato. Un comportamento non tanto diverso da quello di molta altra gente, confermando sempre di più di non esser tanto diverso da loro, da quelli che tanto schivava e detestava.

L'ospedale non distava molto dalla sua via, da casa sua, quindi l'avrebbe raggiunta in quattro e quattr'otto. Era buio e correva lesto in mezzo alla strada, gli abbaglianti delle automobili lo illuminavano, di tanto in tanto, quando passavano accanto a lui, sfiorandolo. Gli alberi ai bordi della carreggiata erano alti e imponenti, con le luci e le ombre che li rendevano ancora più grandi.

Era scalzo e sentiva il caldo asfalto accarezzargli i palmi dei piedi, l'affanno giungeva man mano che bruciava strada. Passò per piazza Garibaldi e si piazzò davanti alla chiesa, il circo se n'era andato già da un pezzo. La guardò, come in cerca di risposte a domande che non conosceva, le campane vibrarono i loro secchi e potenti rintocchi. Iulei si schermì le orecchie, sotto quei rintocchi, la testa gli stava esplodendo. Le campane tacquero, la torre campanaria faceva capoccella dal lato sud, silenziosa, marmorea. Poi vibrò qualche ultimo rintocco breve.

Giunse un silenzio tombale. Aveva un gran caldo, ma una leggera brezza notturna gli carezzava il volto, di tanto in tanto, rinfrescando un minimo quel tepore infernale estivo. Capì che la fede non poteva aiutarlo, dunque voltò le spalle alla cattedrale, superò i porticati con alle pareti i nomi dei caduti e, con appioppati a terra, tre o quattro senzatetto che avevano deciso di passare la notte là, sopra i cartoni vecchi e pregni di umidità e sudore, e giunse all'incrocio, oltre il quale avrebbe messo nuovamente, dopo fin troppo tempo, piede in quella via, il Viale Roma.

Che tanto si sa dov'è che tutte le strade conducono.

Si fermò al centro dell'incrocio. Alla sua destra e alla sua sinistra la strada proseguiva per chissà quanto, innanzi a sé la via. Proseguì dritto camminando, passando davanti ai soliti negozi tutti uguali e ai bar inutili. Fino a giungere alla pizzeria, quella in cui avvenne lo scontro tra il proprietario e il ragazzetto qualche mese prima. La loro faida doveva trovarsi ancora nel pieno, lo si poteva dedurre dai dipendenti che, frettolosamente, verniciavano la parete di bianco sopra ad un anomalo rosso rubino. Proseguì incurante il suo cammino.

Il Concordia era chiuso, La Cervogia anche, doveva essere davvero tarda notte. Quanto tempo ci aveva messo per giungere fin là? La giacca era diventata un fardello sopra le spalle, con tutto quel caldo interrotto solo da qualche sferzata di venticello. Vide una donna a terra stesa sopra ad un grande sacco della spazzatura nero. Gli occhi parevano chiusi, ma mai lasciarsi ingannare dalle apparenze, in realtà vedeva tutto, sempre in allerta e con un occhio aperto, come i delfini. Difatti li aprì subito dopo che Iulei l'ebbe superata, e lo chiamò.

«Ehi!» fece quella.

«Ehi.» rispose, senza capire chi fosse. Cercava di intravedere in mezzo al caos del suo viso un tratto familiare, invano.

«Sei tornato in zona.»

Aprì la bocca, non sapendo cosa rispondere.

«Scusa, non puoi ricordarti di me. Tempo fa, in un giorno di pioggia, mi hai notato e mi hai dato dei soldi. Avresti potuto ignorarmi come tutti, ma non l'hai fatto.»

«Oh.» fece Iulei, sorpreso. Si ricordò di lei, era la ragazza con le mani a giumella che gli chiese elemosina quel giorno in cui tutto andò in malora. «Non c'è di che.» concluse, poco prima di voltarsi per filarsela. Aveva fretta di andare a casa, diamine.

«A proposito, io sono Artemisia, tu?» sbottò lei, vedendolo andar via.

Ci pensò qualche secondo di troppo, poi rispose: «Iulei.»

«Iulei! Finalmente so il tuo nome. Ti vedo fare avanti e indietro per questa via da anni, mi hai sempre incuriosita, col tuo modo di essere tutto solitario e imbronciato.»

«Ok, senti. Io dev...»

Venne subito interrotto da Artemisia, che gli chiese: «è un po' che non ti vedo in giro, dove sei stato in questi mesi?» lo guardò dai piedi scalzi fino alla testa, crucciando le sopracciglia alla vista della mano sanguinante e degli abiti ospedalieri sotto alla giacca che pareva proprio anacronistica, col fatto che era inizio luglio e si toccavano i trenta gradi.

«Non lo so!» urlò lui, collerico. «Non lo so, ok?! Devo andare.» detto ciò le voltò le spalle e se la filò, lasciando Artemisia sola sotto la luna, affranta sotto le urla.

Qualche passo e arrivò subito davanti a casa sua, aveva

camminato alla svelta e a testa bassa tutto il tempo, senza curarsi dell'ambiente circostante, ci mancava solo che qualcun altro lo bloccasse per parlargli. Non aveva tempo per tutto ciò. Guardò l'edicola lì sotto: aveva ancora la serranda chiusa e di un bianco sporco, con il cartello di vendita sopra e una un graffito nero che copriva tutta la facciata. Andò nel retro e calpestò la terra umida, si chinò e raccolse qualche mozzicone. Accese quello più lungo e se lo mise alle labbra, guardando sopra di sé, guardando l'alto cielo ricco di stelle. Lei era lì, la luna era tornata, come un segnale, come se qualcuno cercasse di dirgli che stava prendendo nuovamente la retta via.

Le finestre di casa erano spente. Restò un po' di tempo a contemplarle col mozzone fumante alle labbra e poi decise di entrare. Oltre il cancello il giardino era la morte. Neppure una pianta era viva, nessuno aveva fatto partire gli irrigatori, mentre era stato assente. Andò alla porta d'ingresso e aprì, dopo aver gettato il mozzicone con una schicchera direttamente nel giardino.

Entrò ed era orbo. Tastò con la mano il muro, in cerca dell'interruttore.

Click.

Buio.

Click, click.

Ancora buio. Miranda non aveva pagato le bollette? Affrontò la buia scalinata, sentiva fossero passati anni interi, dall'ultima volta. Arrivò in cima e prese dal mobiletto una candela. L'accese e si guardò intorno, un forte olezzo pungente gli giunse al naso.

«Miranda?» urlò, al lume della candela che teneva saldamente per la base.

Nessuna risposta giunse alle sue orecchie. Dunque

entrò in soggiorno, guardò i grandi quadri coperti dai teli, la scacchiera con la partita a metà. Era rimasto tutto invariato, com'era possibile?.

«Miranda?!»

Isterico, egli corse per tutta la casa, urlando il nome di sua sorella, cercandola. Dov'era? Dov'erano il treppiede, i suoi dipinti, i colori, gli spartiti sparsi in giro, eccetera? Dov'era tutta la sua roba? Pareva che tutto si fosse fermato, che nessuno avesse vissuto in quella casa, nell'ultimo anno. Ma l'aveva vista entrare, e l'aveva vista vivere là dentro, cantare, dipingere, animare e smuovere tutto quanto!

Aveva vissuto in strada, era finito in ospedale, per lei. Non poteva essersi immaginato tutto. Capovolse casa come un calzino, in cerca di un segnale che fosse uno del passaggio di sua sorella. Una roba lasciata a casaccio, un pennello, uno strumento musicale, un vestito. Qualcosa a cui aggrapparsi pur di mantenere uno sputo di sanità mentale. Com'era possibile? Aveva sgomberato la sua roba e rimesso tutto com'era prima? Non poteva essersi immaginato tutto, non era pazzo. Si portò le mani in testa e si tirò i capelli. Iracondo, urlava, ripiegato in ginocchio sul pavimento, guardando a terra.

Lentamente smetteva di fidarsi di sé stesso e di chi lo circondava. Se si era immaginato Miranda, cos'altro aveva creato la sua mente? Ciò che lo circondava, le persone, i luoghi e tutto quanto, esistevano davvero o erano frutto di una sua allucinazione?

Una voce giunse dal buio, e fu come uno sprazzo di luce in mezzo al grigio dell'infinito cielo in una giornata umbratile.

«Allora, come rispondi?»

Il timbro gli parve familiare, ma non capì. «Come?»

«Ma che t'hanno fatto in ospedale? Non ricordi nemmeno la nostra partita?» Ok, era Fra', non c'erano dubbi. Anche lui non aveva un volto, come tutti gli altri.

«No, no. Ho mosso, io. Sta a te adesso.» rispose. Poi, giusto per levarsi ogni dubbio che non si sa mai, gli chiese «come sei entrato?»

«Come sono entrato? Hai lasciato cancello e porta aperti, erano giorni che aspettavo che tornassi, non sai che gioia quando ho visto tutto spalancato!» detto ciò fece qualche passo verso l'amico, per abbracciarlo. Poi disse «prendo una sedia e finiamo la partita. Ormai è una vita che non andiamo avanti.»

Così dicendo prese una seggiola dalla cucina e la mise davanti al tavolino con la scacchiera. Iulei si accasciò sulla poltrona, portando le mani con i palmi uniti sotto al mento.

«Ti dispiace se apro un po'? Non si vede un tubo.» chiese a Iulei, che acconsentì lentamente con la testa.

Dunque prima di sedersi andò alla finestra e aprì le imposte, lasciando entrare finalmente anche un po' d'aria. Fuori era buio pesto, ma la luna e i lampioni creavano una luce tenue e rilassante, dentro alla stanza. Si sentivano i grilli che sfregavano le loro alette, frinendo.

«Sigaretta?» chiese Fra', prendendone due dal pacchetto sulla scacchiera. Una la porse a Iulei, che in tutto quel tempo aveva studiato ogni mossa dell'amico senza volto, cercando di abituarsi a quella nuova anomalia, e una se la mise alle labbra, spippellando avvolto dal fumo che presto avrebbe invaso la stanza.

Infine, lentamente e con fare teatrale, come suo solito, si sedette, studiando che mossa fare.

«In ospedale,» prese finalmente e d'improvviso a dire Iulei, «eri tu che mi venivi a trovare e parlare, mentre ero incosciente?»

«Sì, ero io. Mi sentivo in colpa per non averti aiutato, per non aver capito fin da subito come stessi realmente, nonostante tutti gli indizi che mi avevi dato e che non avevo colto.»

Ora che dalle finestre giungeva un po' di luce fioca Iulei ebbe modo di guardare le mani e il vestiario del suo amico. Era proprio lui, tale e quale a com'era sempre stato. Con le unghie mangiate e le pellicine insanguinate, le dita piene d'anelli e i soliti vestiti vintage. Mancava giusto il sorriso da ebete, che non poteva vedere, ma ci avrebbe lavorato su.

«Come facevi a sapere che mi trovavo lì?» chiese, con fare inquisitorio.

Francesco mosse l'alfiere, portandolo una casa indietro. «L'ho saputo perché in giro non si è parlato d'altro, per qualche giorno.» rispose. Poi disse, imitando con la voce il tono di scandalo che si usa in questi casi: «"pazzo furioso sviene in chiesa, sarà vivo oppure morto?" ho pensato subito a te, non ti facevi vedere da un sacco di tempo e temevo ti fossi messo in un pasticcio.»

«Capisco.» rispose.

Poi guardò la scacchiera, e riprese «guarda che perdi un pezzo.» riferendosi all'alfiere che gli aveva intrappolato.

«Sì, me ne sono accorto.» rispose Fra'.

Di tutta risposta gli mangiò l'alfiere, trovandosi in vantaggio d'un pezzo. Francesco non ne parve turbato, e continuò la partita così com'era, con un alfiere in meno contro un alfiere in più, e la mossa dopo la pensò anche più di quanto ne avesse bisogno, giusto per lasciare all'amico il tempo di riflettere con più calma. E decise di riposizionare un cavallo in un'altra casella. Aveva tutti i pezzi in campo e il Re al sicuro, al contrario del suo avversario, che aveva il Re al centro e un pezzo ancora fermo e che non giocava. Se avesse continuato a tenerlo fermo avrebbero giocato praticamente a pezzi pari.

Iulei rispose tirando fuori la Regina, in posizione di attacco, lasciando ancora il pezzo fermo dov'era a far nulla. Francesco gliela scacciò, mangiandogli inoltre un pedone, mettendo alla luce quanto l'attacco del suo avversario fosse stato prematuro.

«Sai,» prese a dire Iulei, iniziando a sciogliersi un poco. Si sentiva ancora tutto teso per la questione di Miranda, e gli veniva difficile anche solo parlare col suo amico. Non si fidava. «Una ragazza, in ospedale, mi ha confuso con te.»

«No! Impossibile. Com'è accaduto?!» rispose Fra'. Pareva spaventato, come se nascondesse qualcosa.

«Questa mi vede e urla il tuo nome!»

«E tu che hai detto?» chiese, con voce rotta.

«Nulla! Non la conoscevo neanche.» aveva pensato che raccontando l'evento si sarebbe sentito più leggero e tranquillo, ma così non fu. La voce preoccupata di Fra' lo aveva portato a fare nuovamente qualche passo indietro. Sentiva che gli stava nascondendo qualcosa, ma perché avrebbe dovuto? Intanto la partita andava avanti, con Iulei che proseguiva con il suo attacco e Fra' che intanto si difendeva pacatamente.

«Hai perso un altro pezzo.» gli fece Iulei, mentre già annusava la vittoria. Una fitta coltre di fumo aveva riempito la stanza, i due quasi non si vedevano, persi là dentro, prodi guerrieri su scacchiera.

«Dovresti guardare meglio.» rispose Fra', poco prima di dargli: «scacco matto.»

L'avversario sobbalzò, si grattò la testa e si mise chino sulla scacchiera a smicciarne ogni pertugio, pur di poter sgamare l'errore. Non poteva essersi preso scacco matto! Aveva due pezzi in più ed era in posizione di attacco, come aveva fatto a perdere?

Fra' gli tolse ogni dubbio: «Hai lasciato qualche debolezza qua e là, ma resti bravo, dovresti solo pensare di più al tuo lato della scacchiera.»

La partita era giunta al termine: una partita di quasi un anno conclusa in una notte, come l'intera vita di un uomo troncata in un ultimo e stanco respiro.

Si accesero un altro paio di sollazze e stettero lì a fumare con il cielo fuori che andava a schiarirsi e infuocarsi, parlando della vita di Iulei sulla strada, con Francesco che doveva tirargli fuori le cose di bocca, visto che l'amico si mostrava sempre più taciturno e schivo. I gabbiani intanto urlavano in lontananza, come fanno di solito la mattina presto. I camion della spazzatura facevano la loro ronda rumoreggiando per le strade. Iulei si toccò la benda zuppa di sangue sulla mano, ricordando quanto avesse fatto pur di tornare. In casa si sentiva ancora la solita puzza, certo non il profumo di Miranda che credeva gli avrebbe riempito i polmoni e le froge del naso. Lo stesso odore che sentiva da bambino e che ogni tanto gli tornava in mente, portandolo a volare con i ricordi.

I merli fuori iniziarono i loro cinguettio mattiniero. I proprietari dei bar e i lavoratori mattinieri stavano iniziando a svegliarsi e uscire di casa per svolgere le loro mansioni. Si sentiva il clangore dei cancelli che sbattevano, il tonfo degli sportelli delle macchine che venivano chiusi e la messa in moto. In casa, intanto, nessuno dei due aveva sonno, non uno sbadiglio o un cenno di stanchezza veniva mostrato.

«Tua sorella?» fece Fra', a bruciapelo.
«L'hai vista?» rispose, pieno di speranza.
«No, sai che non mi è mai piaciuta.»
«È mia sorella, mica deve piacere a te.»
«Ti ha abbandonato senza alcun tipo di rimorso.»
«Non è vero.»
«Dov'era mentre stavi in ospedale mezzo morto?»
Iulei si tastò la ferita. «Non poteva saperne nulla.»
Francesco gli andò incontro e lo spinse, buttandolo giù dalla poltrona, collerico. Erano stati distanti per tutto quel tempo e Iulei si comportava in quel modo insensato, dandogli addosso, facendogli il terzo grado, come se non si conoscessero. Da pazzi! «Io sono *l'unico* che pensa a te e al tuo bene, ricordalo. Grazie per la partita.» disse, prima di alzare i tacchi e lasciarlo solo.

L'altro, a terra, lo guardò dal basso verso l'alto filare via. Tutto era silenzioso, tutto era fermo, immobile. Una luce abbagliante entrò a gamba tesa dalla finestra aperta, invadendo il soggiorno con la sua luce prospera e senza confini. E Iulei, che di confini ne aveva a pacchi, si schermì gli occhi con la mano sana, che l'altra gli doleva, qualche barlume di luce filtrò dalle fessure formate tra un dito e l'altro, poi si alzò e andò verso quel bagliore. Non chiuse le finestre, anzi, guardò fuori, vide il fogliame rigoglioso dei pioppi bianchi eretti lì davanti, mossi da qualche leggera sferzata di vento estivo. Abbassò lo sguardo, portandolo sulla strada, e si immaginò là al centro solo e a gambe incrociate, sporco e ridotto in miseria a guardare dentro, di quando, tutto speranzoso, era sottomesso al volere di un miraggio che gli aveva preso casa lasciandolo all'addiaccio.

Uno strappo acustico, un'acufene impertinente, le campane gli infransero i timpani. Il sole era sorto da infondo alla via, sopra il mare e le sue onde, e or ora capeggiava il firmamento, i passeri volavano e cinguettavano, i gabbiani urlavano e defecavano senza fine, i marciapiedi pieni di un gran viavai tutto importante di gente e tutti presi con le loro faccende: gran blaterare di ogni individuo prossimo all'estinzione; le macchine fumavano, talune richiedevano un cambio della cinghia, talaltre eran più silenziose d'un parco in autunno. Il caldo pareva un enorme e pesante coltre accasciata sopra le spalle di tutti quanti, aggravando ogni passo, ogni respiro, ogni strascico di vita vissuta così perché siamo vivi. Pelli lucide e abbronzate, passi in sincrono, biciclette sfreccianti a suon di scampanellii e di fate largo! Pedalate e corse verso quel mare, fate presto! Il sole non è per sempre. Graziose cicale frinivano innamorate, dopo aver dato il cambio ai grilli stanchi.

Tutto si muoveva, ma non la figura, che era sempre lì, in strada, lo guardava, si guardavano. Che fare? Chi era? Era lui, era l'edicolante, era il bambino su quella bici, era lo spettro di sé stesso. Era Miranda ed era anche Francesco. Era tutti e al contempo nessuno. D'un tratto ne scandì al meglio i tratti del viso e i lineamenti. Riuscendo, dopo tutto quel tempo, a vedere chiaramente un volto. Dopo tutti quei giorni di confusione, di impossibilità nello scorgere il più piccolo tratto distintivo di anche una singola espressione.

Lo esaminò, egli, non più abituato, inclinò la testa, sgranò gli occhi, se li strofinò, li chiuse e li riaprì, ed ebbe la conferma finale, quella che più temeva: il tale in strada era lui, che poi era Iulei, giusto? In ognuno dei suoi tratti. Gli occhi si spalancarono, prima i suoi e poi quelli del suo doppio, come fossero ambedue sorpresi di vedersi, così uguali ed estranei. La paura lo invase, il tale pareva vero, reale, ma non poteva esserlo! A quel punto abbandonò il davanzale della finestra e corse in bagno: qui si guardò allo specchio rotto e tutto crepato, e vide, con sua più grande sorpresa, tra una crepa e l'altra, il volto imperturbabile e indefesso di Francesco come non l'aveva mai visto prima: spaventato, allucinato. Sì toccò le guance, la bocca, gli occhi. Il suo riflesso lo imitò alla perfezione. La confusione a quel punto si fece ancora più straziante, i clacson delle auto fuori, il ronzio delle mosche, le zanzare e il sudore che gli copriva la pelle. Passò il palmo della mano sul viso, per tastarlo, per accertarsi che fosse vero, come un bimbo che deve toccare e mordere ogni qualsivoglia oggetto per capirne la struttura e la solidità. Tolta la mano e a volto scoperto, dunque, con la barba in crescita e il respiro in affanno, gli occhi traballanti e le membra in subbuglio, egli capì di essere in realtà Francesco, come gli aveva detto quella ragazza in ospedale, che poi era Giulia, e non l'aveva riconosciuta, perso in quella confusione!

Tutto tornava, lei lo conosceva per chi era veramente, per questo l'aveva chiamato in quel modo, era tutto così chiaro. Aveva capito, finalmente! Sì, Iulei aveva capito tutto, così come aveva capito di non esistere e di essersi impossessato di un corpo che non gli apparteneva. Così come aveva capito di aver parlato da solo per tutti quegli anni, e di aver perso a scacchi contro sé stesso.

Il telo che copriva il quadro in soggiorno l'aveva tirato

giù lui, dunque, quella notte infausta. Ma perché? Che cosa aveva avuto in mente l'altro sé, o uno dei tanti, mentre scoperchiava il vaso di Pandora? Si catapultò dunque, impavido, or ora che si sentiva più lucido che mai, davanti al telo, e lo tirò giù nuovamente guardando per la seconda volta il ritratto, smicciandolo in ogni dettaglio, dal sorriso da sbruffone del padre alle labbra di sua madre protratte verso il basso, gli occhi in un profondo cipiglio e di una tristezza abissale riportata sulla tela dalla realtà magistralmente. I vestiti che aveva addosso in quel dipinto si notava fossero vecchi e malandati, come poi del resto quelli suoi e di sua sorella, che oltretutto si teneva stretta stretta il braccio, come a voler coprire il livido infertole dai calli di una mano pesante e senza scrupoli.

La memoria faceva capoccella, il suo passato lo stava inondando tutto in una volta con ricordi, traumi, amicizie e con l'immaginazione che aveva sempre tentato di ripararlo dal male che lo circondava. Iulei stava ufficialmente perdendo il controllo e Francesco iniziava a riprendere pieno possesso di sé, come richiamato da chissà quale voce interiore, come se messo davanti all'inganno nel quale aveva vissuto per tutto quel tempo si fosse risvegliato, di colpo.

Partì tutto quel giorno d'agosto su quel sentiero, il giorno in cui Iulei prese ufficialmente il comando e Francesco uscì di scena, il giorno in cui iniziò a presentarsi agli amici o a chicchessia con il nome inventato. Quando la sera stessa insieme a Mirco e gli altri smicciava le stelle cadenti, tutti quanti stesi sugli stiletti verdi e umidi del prato, con le biciclette gettate poco più distanti, l'eco della musica ad alto volume in lontananza, di chi festeggiava in casa il 10 agosto con le finestre aperte, o in spiaggia tra alcol e cazzeggi vari e con gli occhi lucidi verso il cielo, le birre sudate alla mano e i balli spensierati sotto le camicie sudate e floreali.

Quella sera lui e sua sorella si promisero di non fare mai più ritorno a casa e si persero dentro la pineta, la stessa dove il padre si rifugiava con Miranda per darle le bastonate laddove non lasciasse segno evidente. E il fratello? Oh, codardo! Egli aveva sempre saputo ma non aveva mai avuto il coraggio di opporsi o di parlare, meglio lasciar fare a qualcun altro, qualcuno inventato, qualcuno apatico e capace di assorbire il dolore. Iulei, oh, grazie, Iulei! Grazie a te, Iulei, Francesco è stato in grado di vivere. Vivere una vita all'oscuro, una vita nella caverna, accecato dal velo, eppure vivo.

Ma la pineta non era luogo dove due bambini potessero passarci la notte, mostri e ombre gigantesche interrompevano sovente la fuga, costringendoli ad andare prima di qua e poi di là. Quanto erano grandi quei pini, imponenti. La pineta di notte cambiava? Diventava un labirinto pieno di entità mostruose?

«No, Franci. La pineta resta tale e quale sia di notte che di giorno. La fantasia sta solo avendo la meglio su di te. I mostri non esistono...»

Chi era Franci? Lui era Iulei. Avrebbe dovuto dirglielo? Magari dopo. E poi se i mostri non esistono chi gliele aveva procurate quelle chiazze violacee sul corpo?

Dormire tra le frasche e il fogliame, con le lucertole che leste sgambettavano intimorendo i due e qualche serpente frusciante tra un cespuglio e l'altro non fu una gradevole esperienza, difatti non chiusero occhio quella notte. Perlomeno non faceva freddo, si dicevano. Le cose potevano sempre andare peggio. Ma i lividi erano dolorosi. Il lato destro era meglio del sinistro, e dopo cinque minuti viceversa. Poco più in là da dove si eran messi stesi per dormire un vecchio matusa si intratteneva con una bella di notte con la gonna tirata su fino a sfoggiare le fossette di venere, acquattati dietro ad un grosso pino.

«Fa' silenzio, Franci, se ne andranno presto. Fai come me, tappati le orecchie, in questo modo.»

Avessero saputo, i due, ignari, temerari guerrieri della notte, l'atto che li avrebbe separati, l'atto che avrebbero compiuto il giorno dopo, mano nella mano per darsi forza laddove la paura faceva da padrona.

L'indomani, difatti, tentarono di esporre alla luce del sole gli atti del padre, ricevendo in cambio un invito a fare le valigie, tra tristezza e frasi non dette, due posti nuovi dove vivere separati tra di loro e lontani dai genitori, e una nuova vita fatta di viavai di psicologi mediocri e superficiali e tutori legali. Quanto erano soli, così divisi e costretti a crescere in una sola notte!

Ella riuscì a passare gli anni della propria fanciullezza senza problemi, egli invece, per sopravvivere agli anni che avrebbe dovuto passare là dentro, si era perso in sé stesso, e aveva conosciuto per la prima volta il Francesco creato dalla propria immaginazione, quello musicista e ottimista. Mentre quello vero era perso nei meandri della propria mente, chiuso in una stanza a doppia mandata: che se fosse uscito da lì il male all'esterno l'avrebbe ferito e quello avrebbe provato a uccidersi, come già una volta capitò, per sbaglio! Meglio non rischiare, Iulei doveva proteggere Francesco.

Anche se, in tutti quegli anni, proteggerlo non si era dimostrato per nulla facile. Visto che lui, a forza di provare, invano, a riprendere il controllo di sé, metteva i bastoni tra le ruote al suo protettore. Come aveva fatto con il miraggio di Miranda dentro casa, a causa del quale per poco non morirono sia lui che Iulei, per strada.

Una solitaria lotta tra più persone per il dominio di un singolo corpo, stava avvenendo in quella via, in quella dimora, che tanto solitaria non si stava più dimostrando.

Ciò che siamo

Il funerale si tenne il 7 luglio, direttamente il giorno dopo il suo decesso in ospedale, sotto il sole cocente e il volo dei gabbiani. Le campane in piazza Garibaldi suonavano a morto i loro tre dan seguiti dai tre don secchi e potenti, la piazza era gremita di gente. Tra chi era amico, chi di passaggio, chi curioso, chi un familiare, chi così tanto vicino a Dio da sentirsi in dovere di pregare per una vita che non apparteneva neanche lontanamente alla propria sfera di conoscenze, amen.

Accanto alla chiesa, lato sud, si trovava un giardino ricco di fiori e magnolie. La salma del morto, meno di un secolo prima, sarebbe stata seppellita lì, in quel giardino or ora così prospero, non fosse che la vita, nel corso degli anni, aveva mietuto tante vittime da costringere il cimitero a spostarsi di qualche chilometro, davanti ad un comodo e danaroso fioraio, che van bene i morti, ma cerchiamo di ricavarne su qualche soldo, va'.

Come mettere un'enoteca accanto ad un centro per

alcolisti anonimi, calamita per clienti, soldi a palate che me li porto pure in tomba.

. Al funerale di Neno, il padre di Giulia, si presentò a sorpresa anche la madre. Piansero, si abbracciarono, si scambiarono i convenevoli necessari: «tra quanto nasce?» «come ti senti, stai bene?» «io, alla tua età...!» e chi si è visto si è visto. Quanta tristezza, mentre ella si accarezzava il ventre, davanti alla bara! Una vita in cambio di un'altra. E così sia. C'era anche Miranda al funerale. Aveva saputo e si era presentata, sperando inoltre di trovare suo fratello almeno là, visto che pareva scomparso nel nulla e lei iniziava a preoccuparsi. Non aveva ancora avuto modo di fare le condoglianze a Giulia, ma le avrebbe fatte appena ella si fosse liberata dall'esodo di gente perbenista che la circondava. La madre, indifferente, guardava da lontano con le braccia incrociate sul petto e i capelli a caschetto ben pettinati e tinti. Solo un paio di gatti andavan da lei a confortarla, gli altri preferivano far finta di non vederla.

La folla si dissipò, la madre si dileguò, Giulia e Ettore soli rimasero là, a guardar la lapide volta al cielo, come un totem eretto tra tantissimi altri. Miranda giunse tra i due, non servirono tante parole, un abbraccio e qualche lacrima bastarono per intendersi, per condividere il dolore. Camminarono in quel santuario di morti, passando tra un'ombra e l'altra formata dai grandi cipressi.

Da quanto tempo non si vedevano! Erano così cambiate, così cresciute! Quanto avevano da dirsi. Ma una domanda aleggiava nell'aria: dov'era suo fratello? Giulia l'aveva visto, in ospedale! Sì, ma era fuggito. Sarà tornato a casa?

Percorrevano il sentiero incorniciato da nomi, date, foto

sbiadite o in bianco e nero, di quando ancora i morti non eran tali e non avevano intenzione di esserlo, calspetando sassolini e tirando su sbuffi di polvere e ghiaia. Una chiacchiera tirava l'altra: «avete scelto nome?»

Giulia e Ettore si guardarono imbarazzati, Miranda aveva toccato un tasto dolente. «Ancora no, ma abbiamo qualche idea.» non approfondirono più di tanto e lasciarono il discorso un po' per aria.

Intanto il cielo si imbruniva e Miranda voleva andar a casa di Francesco, per vedere se stesse bene. C'era già stata qualche giorno prima, ma nessuno rispose e la casa le parve disabitata. Doveva trovarsi in ospedale, quella volta, visto che Giulia l'aveva visto lì; chissà che gli era capitato! Tempo qualche giorno e avrebbe dovuto lasciare l'hotel dove alloggiava e tornare a casa da suo marito, sperava di riuscire a passare più tempo possibile con Francesco, era là per quello, per vederlo e per stare un po' con lui. Dunque, quando fu il momento di salutare i due con baci e abbracci e infiniti auguri, ella fu contenta di chiamare un tassì bianco e di lasciarsi cullare seduta sul sedile posteriore dell'auto, che, rapida, sfrecciava lungo quelle vie che avevano incorniciato la sua infanzia, come un un viaggio nel passato, come se quel tassì fosse una macchina del tempo che la portava fino alle pietre pomici consumate sui muri nudi.

Giunta sulla via di casa le tornò in mente il padre, i lividi. Si toccò la spalla e se la massaggiò. Il lungo bastone bianco, sempre lo stesso, che la riempiva di percosse nella pineta teatro della loro fuga e delle punizioni infertole, lasciato sempre in piedi poggiato dietro al solito albero.

«Non urlare, non ti sentirà nessuno. E se dovessero sentirti ti colpirò più forte.»

Silenzio! L'esecutore sta completando la propria opera. I tagli su tela, i colpi su pelle, la punizione ad una bimba troppo intelligente che non vuole seguire le regole. Così dev'essere.

Scese dal tassì che il cielo si era fatto buio, pagò il dovuto al tassista e si recò davanti alla sua vecchia casa d'infanzia, ora abitata da suo fratello. Si piazzò davanti al cancello e lo trovò aperto. Francesco era in casa! Le finestre spalancate con le tende che svolazzavano dentro e fuori come l'abito bianco luna di una sposa che giunge al capezzale.

Non c'erano dubbi, era lì. Suonò e subito dopo, non riuscendo a trattenersi, entrò in giardino, percorrendolo a grandi passi, il sorriso incontenibile di chi scorge un fiore tra le macerie. I sandali, un vestito estivo azzurro, la borsetta tracolla e il cappello beige, un grande fiocco lo adornava. Oh, se ella avesse saputo! Se ella avesse avuto occhi per vedere al di là dell'umano conosciuto. Non siamo in grado, diamine! Siamo occupati, abbiamo i nostri problemi e quelli degli altri passano in sordina, non vediamo la decadenza altrui perché troppo impegnati a non decadere noi stessi, invano! Viviamo nella decadenza e ignoriamo il prossimo, siamo egoisti, siamo umani e proprio per questo codardi, meschini, ciechi. Se ella, come dicevo, avesse avuto occhi per guardare aldilà dell'umana percezione e conoscenza, avrebbe avuto modo di scorgere Francesco nascosto in mezzo alla folla di perbenisti dagli occhi uggiosi. Ma come avrebbe potuto? Quello si era occultato, aveva il berretto calato sino agli occhi e il mento attaccato al petto, proprio per evitare sguardi indes- iderati. Come biasimarla se il frutto delle sue ricerche era stato a qualche metro da lei e non l'aveva visto? Oh,

Miranda! Il prezzo che hai pagato per essere ciò che sei va ben oltre i problemi di un malandato senza scopo né Dio, non fartene una pena se il malessere di tuo fratello non è stato in capo ai tuoi pensieri, in tutti quegli anni. Avevi una vita da vivere, una vita senza soprusi, così è stato.

Intanto il passato di Francesco era un tunnel buio e senza uscita con qualche sprazzo di luce intermittente qua e là. Il suo doppio, Iulei, vivendo la propria personale vita, si era anche creato i propri ricordi e le proprie esperienze, lasciando il vero Francesco da solo in quella stanza buia, privato di una vita vera. Ricordava i tentativi di suicidio, nelle poche volte in cui riusciva a prendere possesso di sé e la confusione faceva da padrona, con i brutti ricordi che tornavano a fare capolino tutti in una volta, come accade sempre. Ma quanto si dimostrarono inutili con Iulei o chissà chi altro pronto a prendere il controllo per tenerlo vivo! Sempre se vivo poteva definirsi il tal Francesco che aveva vissuto una vita come comparsa non partecipante della propria esistenza. Iulei, il suo doppio, gli aveva concesso qualche sprazzo di alcuni ricordi vissuti in quegli anni, ma senza esagerare! Era stato misericordioso, eppure quei ricordi non parevano veri, parevano vissuti da qualcun altro, erano ricordi che non appartenevano a Francesco. Ed era così alienante possedere tali immagini nella testa.

Il barbozzo in giù così come gli occhi che guardavano le scarpe, una preghiera atta ad augurare un buon viaggio al vecchio sepolto, un pensiero dedicato a quand'era bambino e vedeva il padre di Giulia abbracciarla teneramente sulla soglia di casa ogni giorno prima di lasciarla giocare con gli amici. Un bacio sulla guancia e una ramanzina amorevole sullo stare attenta era quanto la piccola dovesse saldare affinché il padre la lasciasse andare, con tutti gli altri che scalpitavano là in strada in sella alle bici.

Ma non era là per i ricordi, non per Neno, non per Giulia o Miranda. Era là per un dubbio che lo attanagliava, un dubbio che poteva avere risposta solo in quel luogo, dunque camminò e camminò. Oh, il cimitero era grande, niente a che vedere con il giardinetto accanto alla chiesa, ottimista colui che scavò là la prima fossa, convinto che quello spazio bastasse! Smicciava qua e là i bei vasi ricolmi di fiori lasciati per i morti, taluni mostravano ancora l'etichetta con il prezzo, il codice a barre. Oh, che spreco di memorie, di vite. Seppellito e come unico ornamento per la tua morte un vasetto costato tre e ottantanove, e quel misero vasetto dovrebbe onorarmi? Se non quello cosa? Forse la lapide! Oh, quante inezie create dall'uomo con lo scopo di onorare qualcosa di infinitamente più grande di loro.

Così, Francesco, davanti alla foto di suo padre e sua madre, capì: Iulei l'aveva protetto anche da questo, dalla morte dei suoi genitori avvenuta, secondo quanto stava scritto, un anno prima. E Miranda? Dov'era finita, ella, così sola eppure così significativa per Francesco, il quale aveva solo ed unicamente lei come famiglia?

Lanciò un ultimo sguardo ai suoi nelle foto e se la filò. Non sentiva tristezza alcuna nel voltare le spalle ai loro sepolcri, d'altronde perché avrebbe dovuto? Per lui erano due estranei pronti a ferire senza remore. Ma, nonostante ciò, sentiva di dover provare qualcosa: tristezza, repulsione, odio. Eppure nessuno di questi sentimenti fece capolino nella sua psiche, era come non li avesse mai conosciuti, come se sentirsi triste fosse un dovere imposto dalla natura familiare intrinseca nell'uomo, ma nient'altro. Pensa un po', sentiva il *dovere* di provare tristezza.

Andò dunque dal fioraio lì davanti. Non voleva, ma *doveva* comprare dei fiori, magari l'etichetta l'avrebbe tolta. Anche il codice a barre. Quella roba gli ricordava quanto tutto girasse intorno ai soldi e non voleva anche lui infangare un luogo cosiddetto sacro con lo sporco denaro. Prese dei fiori che gli parvero adeguati, anche se il loro essere o non essere adeguati ad uno scopo è prevalentemente deciso dal significato puramente inventato che l'uomo ha deciso in precedenza per quei fiori, e non a chissà cos'altro. Li lasciò accanto ai pochi altri e li bagnò con un paio di lacrime e niente di più. In tasca sentì un pacchetto di sigarette, non sapeva se fosse suo o se del suo doppio, non ricordava di aver mai fumato in vita sua. Tirò comunque fuori una paglia e la portò alle labbra. Se l'accese in memoria dei suoi, in memoria della stanza dal soffitto e dalle pareti gialle, in memoria del fumo che sbuffavano addosso a lui e a sua sorella in quel soggiorno avvolto dalla nebbia e dal tenue bagliore della luce accesa.

Tossì, gli bruciavano i polmoni e la gola, ma non spense la Marlboro, anzi, ringraziò quel bruciore, lo faceva sentire vivo. Percorse l'intero cimitero a grandi falcate, guardò oltre le lapidi, oltre i nomi, oltre la recinzione, guardò le rotaie più giù, la capsula metallica che, veloce come la luce, fulminò quelle rotaie che vibrarono al suo passaggio. I piccioni che si litigavano una briciola di pane, poco più in là ulteriori briciole, e tutti impettiti si davano addosso per cibarsi l'uno più dell'altro. Becchi lesti e tic della capoccia quasi umani.

Evacuò dal cimitero, che il buio incombeva ed era meglio non stare in certi luoghi senza il sole. Un'ora di strada a piedi per tornare a casa, le macchine sfrecciavano, le foglie sugli alberi frusciavano tra di loro. L'odore delle cucine con le finestre aperte riempiva i marciapiedi e le narici di chi era di passaggio. Erano tutti in festa, che estate! Gli appartamenti vuoti d'inverno si affollavano, le spiagge si animavano e l'andazzo del lavoro nei luoghi di ristorazione si era intensificato. La voce dei televisori accesi giungeva da dentro i soggiorni degli appartamenti, annunciando quell'estate come l'estate più calda dell'ultimo decennio. Come facevano ogni anno, del resto. C'era qualcosa di diverso, però: la paura, i negozi svuotati, la gente che faceva provviste per la guerra che imperterrita proseguiva. I giornali non parlavano d'altro, le persone non parlavano d'altro, «mancano li soldi e questi si fanno le guerre!» un uomo aveva un cartello in mano: "LA FINE DEL MONDO È GIUNTA."

Francesco; beato colui che tutto ciò non deve viverlo, in che razza di mondo hai fatto ritorno? Beato colui che vive nella caverna ignaro di tutto! Fulminato il fuggiasco. Torna indietro finché sei in tempo, tu che puoi vivere alle spalle di un altro, tu che ti nascondi e diventi un altro. Chi scegli d'essere, oggi: l'edicolante o il senzatetto? Sono solo maschere, se fossi te stesso saresti nessuno.

Quale scegli oggi?

Arrivato davanti casa guardò il cancello aperto e il vialetto che conduceva alla porta d'entrata, una leggera brezza lo colpì delicatamente sul volto, perforando la pesantissima afa estiva, i pini e i pioppi erano alti e superavano il tetto della casa, in lontananza un cane abbaiava, una macchina passò con i finestrini abbassati e la musica a mille, un senzatetto accovacciato davanti alla farmacia sfoggiava un cartello: "AJIUTATE-mi" aveva le ginocchia al petto e con le braccia sporche e pelose se le stringeva. Poco più in là, seduti su una panchina sotto il grosso acero or ora con un fulgido fogliame che ne adornava i rami, una coppia inscenava un litigio. Nell'arco di un quarto d'ora si sarebbero abbracciati e baciati, mano nella mano, perché questo è l'amore.

Una sagoma femminile si mosse davanti alla finestra di casa sua, aveva i capelli raccolti e pareva eterea, come un miraggio. Diamine, non un'altra volta! Non sarebbe entrato, Iulei, no, sarebbe rimasto fuori, una nuova epopea sulla strada, il cerchio che si ripete, il Samsara.

Sì, questo Iulei, ma Francesco? Be', egli entrò.

Occhi in lacrime, un fiume in piena. Mani giunte come in preghiera portate a coppa davanti alla bocca, qualche goccia umettò le dita, un sorriso dietro quelle mani, occhi socchiusi e le gote rosse in su. Cos'è un sorriso se non la semiotica tra le più espressive del volto? Francesco poté scorgere il sorriso di sua sorella nonostante ella lo nascondesse con le mani portate al volto per lo stupore. Ma quella era Miranda? Un macigno gli cadde addosso quando capì di non averla vista crescere. Ma la cosa era in comune, anch'ella fu sorpresa nel vedere suo fratello così grande. Un violento abbraccio mischiò i loro corpi in uno. I sensi si annullarono, nulla più esisteva eccetto lei tra le braccia di lui. Ella gli prese la mano mal bendata e sanguinante. «Che ti è successo? Vieni, cerchiamo qualcosa per medicarla meglio, rischi un'infezione.»

Si recarono in bagno, ella, così aggraziata nei movimenti, così disinvolta e sciolta nell'aprire ogni sportello, nello scostare ogni inutilità e nel cercare qualche cosa che potesse servire alla causa. Tra tubetti di dentifricio vuoti e vecchi, forbici arrugginite, lamette per la barba mai usate, peli, capelli e pastiglie per il mal di testa, ella trovò una garza pulita e dell'alcol. Lo fece sedere sulla tavoletta e si accovacciò, con la mano in grembo. Oh, il bene che gli stava procurando! Non stava solo curando la sua mano malridotta, ma lo stava anche curando dentro, con quei gesti, quelle attenzioni, quell'ordiaria tenerezza che solo chi ti conosce davvero può conferire. Neppure una parola venne espressa: ella restava a testa china a sistemar la benda, egli la guardava ammaliato, quasi incredulo. Cercò di sguincio i lividi. Non ne trovò, non visibili, almeno. Miranda ruppe il silenzio.

«Ti fa male?»

Francesco dovette aprir bocca, non fu facile. La prima parola da uomo libero: «No.»

«Com'è successo?»

Si guardò la mano, la chiuse e la riaprì. La garza nuova era bianca e sterile. Corrugò la fronte, poi disse: «non sono sicuro di ricordarlo.»

«Hai ancora...»

«Sì.»

I vuoti di memoria.

«Papà diceva una cosa, molto spesso.» prese a dire Miranda. Gli occhi grandi e le labbra in giù. «Capisco tu non voglia sentir parlare di lui, ma dobbiamo abituarci. Ok?»

Francesco acconsentì con la testa, tenendo il grugno, tutto serio.

«"Se mai dovessi perdere la memoria," diceva, "penso che la farei finita, senza memoria, in fin dei conti, cosa resta di te?" sai, dopo avergli sentito dire ciò, mentre eravamo tutti seduti a tavola, la mia infantilità dell'epoca mi portò a sperare che perdesse la memoria, all'improvviso, così sarebbe tutto finito. Poi è accaduto a te, e non mi sono mai perdonata, pensavo che le mie preghiere fossero state ascoltate e interpretate male, pensavo fosse colpa mia.» Fra' le mise una mano sulla guancia, asciugando le lacrime che le bagnavano il volto.

«Ma ora non c'è più, siamo liberi, Franci.» disse infine ella, lasciandosi accarezzare, seguendo il solco del palmo con la guancia.

Ci fu qualche minuto di silenzio riempito solo dai grilli fuori. Poi Francesco prese a dire: «Scusami per… per non averti mai aiutata.» le parole gli uscirono rotte e strascicate di bocca, mentre guardava in basso per la vergogna.

«Tu sei stato l'unico ad aiutarmi! Non hai colpe, ok? Non fasciarti la testa, io non ce l'ho mai avuta con te. Le vite che ci è toccato fare, separati e arrabbiati, non hanno aiutato per niente il nostro legame, ma io ti voglio bene! E sarei venuta a trovarti anche prima, ma ho avuto modo solo adesso di farlo.»

«Quanto resterai?» chiese egli, con voce rauca.

«Parto domani, devo tornare a casa da Massi, e devo tornare a lavorare. Ma verrò più spesso, da oggi in poi, per vedere come stai.»

«Massi?»

«Mio marito.» lo guardò, poi disse, confusa: «le hai lette le lettere?»

Francesco ebbe un ricordo vago del suo piede, o quello di Iulei, che scostava le lettere alla porta d'entrata con una pedata. «No.» disse solo.

«Ora si spiega perché non hai accettato l'invito per il matrimonio. Pensavo ce l'avessi con me.»

«Non è stato un periodo facile, ecco tutto.»

«Ti va di raccontare?»

Uscirono dal bagno, finalmente, che iniziava anche a sentirsi una puzza non esattamente gradevole, e si piazzarono in soggiorno a parlare, sotto il grande quadro: una riunione di famiglia, in pratica. Francesco le raccontò i suoi ultimi anni inventando tutto di sana pianta. Non voleva procurarle ulteriori pensieri con il suo enorme vuoto di memoria, visto che stava finalmente bene! Iulei e chissà chi altro erano scomparsi, c'era solo lui, aveva preso pieno possesso di sé stesso, perché far preoccupare la sorella? Non se lo meritava, non voleva addossarle altri pesi sulla coscienza! In più neppure lui sapeva bene cosa fosse accaduto, dove fosse stato con precisione, dunque inventò due robe a caso, campate per aria. Ospedale? Sì, a causa di una forte tosse. Il volto pieno di lividi: un cretino che aveva cercato da dire. Casa era sporca perché aveva avuto poco tempo per sistemarla. Era facile per lui inventare, considerando che la risposta alle domande che gli faceva non la sapeva neppure. Scappato dall'ospedale? Certo che no! Lo avevano semplicemente dimesso. Ella parve crederci, gli era andata bene. Solo che nel frattempo fuori si era fatta notte fonda ed era giunto il momento di salutarsi e andare a dormire, gli occhi di entrambi erano semichiusi e rossi per la stanchezza. Miranda decise di tornare in hotel, così l'indomani avrebbe avuto il tempo di fare le valigie per partire e tornare a casa da suo marito.

«Mi raccomando, prenditi cura di te.» lo ammonì ella, «presto tornerò a farti visita.»

Non disse altro e scese le scale sotto lo sguardo del fratello, che la perse di vista dopo qualche gradino. Il tonfo della porta e il clangore del cancello fuori gli diedero conferma: era andata.

Si alzò dunque dalla seggiola sgangherata e iniziò a camminare avanti e indietro, come a voler formare un solco nel pavimento, un solco talmente profondo da farlo sprofondare altrove. Diamine! Miranda l'aveva davvero curato dentro, l'aveva risvegliato. Il calore di una persona così vicina ti porta inevitabilmente a una maggior pace in sé stessi. Ma tutti quei vuoti, quella vita non vissuta, a che scopo andare avanti? Nonostante suo padre, in vita, si sia comportato da vigliacco, era anche stato in grado di dire qualcosa che, a distanza di tempo, si era dimostrata più che attuale, quasi fosse stato tutto calcolato. Vivere senza memoria era davvero qualcosa di così brutto? Era pronto, egli, a crearsi nuovi ricordi, purché questi si fossero dimostrati piacevoli. E che fare con i nuovi ricordi traumatici? Pure quelli ci sarebbero stati! Ma va bene, si disse, va bene, avrebbe trovato spazio anche per quelli, nella sua mente così vuota, piccola e pronta ad assorbire come una spugna ogni nuova esperienza. La sua nuova vita stava iniziando in quel momento, sarebbe riuscito ad andare avanti, a superare con la bici quel sentiero apparentemente infinito. Non si sarebbe più schiantato, giammai! Aveva trovato la forza. Il suo passato non lo tormentava, ed era, come si è potuto vedere, anche pronto a riempire i buchi di memoria inventando.

Tutto affaccendato com'era in quei pensieri e in quel andirivieni nella stanza solinga, non si rese conto di sua sorella che, prima di lasciarsi la casa alle spalle e chiudere il portone, si era chinata a tirar su e mettere in saccoccia ogni lettera che vi fosse abbandonata sul pavimento, lasciata giorno dopo giorno e anno dopo anno dal doppio di Fra'; che pareva si fosse impegnato, nel corso di tutto quel tempo, a non aprire neppure per sbaglio una lettera che fosse una. Fortunata fu ella! Così facendo si era data la possibilità di temporeggiare ancora un po', aspettare che tutto si sistemasse, prima di dire la verità a suo fratello, prima di dirgli il suo più grande segreto. Era evidente che Francesco stesse già combattendo una propria battaglia personale, e aveva ritenuto fosse meglio non appesantirlo con altri problemi inutili per lui, poteva sistemare tutto da sola, con metodo e pazienza.

Sbagliò in principio a mandare quella lettera! Ci era già uscita una volta, poteva farlo di nuovo! Dunque prese un tassì notturno e si lasciò cullare nuovamente lungo le vie della sua infanzia, già pronta ad affrontare il ritorno a casa da suo marito.

Il "non detto" è canaglia. Soprattutto quando, come in questi casi, riguarda due individui così simili e vittime di loro stessi e dei loro sbagli che, nascondendosi tutto a vicenda, finiscono per non ricevere alcun aiuto che potrebbe invece riparare ogni cosa e dare loro pace. Ma questi non ci pensano, e credono invece di fare del bene, non parlando!

Perché, vedete, per Miranda era davvero difficile dire ad alta voce o davanti a qualcun altro quanto accadesse nel suo privato. Tornò in hotel, fece le valigie e non dormì, il letto era brace sotto la sua schiena, il cuscino un mattone duro, non c'era riposo alcuno che in quel momento potesse placare il suo animo! Si concentrò dunque sulla luce del lampadario appeso al soffitto. Emetteva un flebile ronzio e una luce fredda ospedaliera. Le finestre spalancate affinché un minimo d'aria irrompesse nella stanza, la zanzariera impediva ad eventuali piccoli intrusi ronzanti di infiltrarsi. Cercava di godersi quel momento, ma un attimo chiuse gli occhi e non fu più lì.

I dolori, le percosse, gli urli strozzati, ormai era brava a nasconderli! Come poteva, ella, confidare al fratello tutto ciò? Che quel vigliacco di loro padre era tornato, e lei l'aveva sposato, se l'era messo in casa, come a non poterci stare senza.

Fuori si fece mattino. E se vi fossero stati, nei paraggi, dei galli, questi avrebbero cantato. In compenso le macchine sfrecciavano: ritardi a lavoro, faccende urgentissime e da non rimandare, tradimenti nascosti e che, con la luce del giorno, potevano finire illuminati, dunque meglio sbrigarsi a tornare a casa! Anche per Miranda si era fatta ora di andare. Scarpinò fino in stazione e tirò fuori di tasca le lettere incriminate, strappandole in due, quattro, otto pezzi e gettandoli nell'oblio d'un bidone ovale e nero come l'abisso, dove quelle parole così crude sarebbero annegate per sempre. Prese il primo treno e in un paio d'ore giunse nuovamente nel suo quartiere in città, che mica era tanto bello e prospero come s'era detto! Il lato povero dove un allarme suonava perennemente e dove vivevano i ladri o gli artisti senza un domani. Suo marito l'aspettava nel pianerottolo e intanto si accarezzava i palmi delle mani. Addosso una maglietta senza maniche, pinup, baci, juke-box, culi in vista sulle braccia irsute e abbronzate.

Camminò lungo il marciapiede, ella, i sandali scalpitavano sul cemento, i lacci attorcigliati attorno alle caviglie pareva volessero attirarla giù e sempre più giù. Il vestito estivo azzurro svolazzava impudico davanti agli occhi dell'uomo, le mani pronte a tirarlo giù per nasconder le pudenda, la borsetta tracolla gravosa quanto una zavorra, il cappello beige: un grande fiocco lo adornava, i petali tristi rivolti verso il basso. Ogni passo era incerto, tremava, ogni falcata l'attirava indietro, lontano dal figuro seduto, dal carnefice da cui sempre faceva ritorno. Ma ogni secondo che fluiva si faceva sempre più vicina, mentre il suo corpo e la sua mente desideravano solo tornare indietro, dal suo Franci.

«Vieni dentro.» disse quello, rude.

Il sole mattiniero le scottava la pelle, le fossette rosse eran più accese del solito, quasi infiammate. Non rispose, non aveva senso farlo. Con un muro non ci discuti, cerchi solo di buttarlo giù, non avverrà il contrario, sia ben chiaro! Ma lui la imbambolava, le dava amore quando stava male, ed ella cadeva tra le sue braccia, immemore della radice di quel male, procuratole dalle mani di lui, astuto manipolatore.

Avrebbe, prima o poi, trovato una volta per tutte la forza di concentrarsi su quella radice e opporsi al proprio oppressore?

Giunse al pianerottolo, speranzosa di ricevere grazia da Massimo, di ricevere quell'amore che tanto anelava. Egli la prese per il braccio in un morsa a tenaglia e la gettò dentro casa.

L'arché

La nuova vita

Aveva gli occhi di sua madre, e che occhi! Che allegria in quei sorrisi! Pigiamini ovunque, regalati e comprati, ormai aveva più vestiti lui di sua madre Giulia. Calzini grandi quanto un portachiavi e scarpette alla pari erano sparsi ovunque, così come i pannolini. Diamine, erano inondati dai pannolini. La culla era ingombrante, nel loro piccolo bilocale, ma tra gomitate e ginocchiate di qua e di là si imparava a vivere pure così. Bastava che la creatura stesse bene, mica c'era altro di importante per lei e Ettore, che aveva lavorato duro, nel corso di quell'anno, pur di riuscire prima o poi a portare la sua famiglia in una casa più grande e spaziosa, dove avrebbe potuto lasciare al bambino l'ampiezza di cui necessitava per crescere.

C'era poi 'sto fatto che sovente si vergognavano a far salire in casa gli amici, a causa del naturale caos che sa creare solo una famiglia appena formata e in procinto di imparare a gestirsi diversamente, insieme al nuovo sorridente venuto, che sapeva riempire i loro cuori almeno quanto era in grado riempire pannolini. La confusione creava qualche inutile disagio, ma per il resto era tutto perfetto, per loro. Le serate dell'inverno subito dopo la sua nascita passate al lume di qualche candela in salotto con la culla accanto, due tisane e buoni propositi per il futuro. Non sentivano il bisogno di altro.

Giulia si rasserenava pensando a suo padre che li guardava e vegliava dall'alto, l'angelo custode che accompagnerà il piccolo per tutta la sua vita. I primi passi; ella sapeva, lui li aveva visti, da lassù. Così come vedrà le prime parole, le prime decisioni e i primi sbagli, gli amori, le rotture, la struggente sensazione di mancanza di vita al termine di ogni relazione, il senso della fine, la voglia di scomparire. Riderà con lui nei momenti più belli e saprà indirizzarlo in quelli più brutti. Non era riuscito, in vita, a dirle il nome che aveva custodito per tutto quel tempo. Ma andava bene ugualmente, gli diedero quello del padre di Ettore, in sua memoria. Si erano trovati entrambi d'accordo ed era quello l'importante.

Ora si era fissato con i libri da colorare, la creatura, non desiderava altro. E piuttosto che passare l'infanzia davanti allo schermo di un cellulare, e crescere con cartoni animati e batteria in fiamme per le ore e ore infinite che il bimbo stava in catalessi davanti allo schermo colorato, erano mille volte meglio i libri da colorare. Sentivano che facesse parte del loro compito da genitori, il non farlo crescere davanti ad uno schermo. Volevano tirarlo su loro, mica far fare tutto ad un telefono, capace di rubare ai due gli anni migliori del loro pargolo.

E Francesco? Be', si era dato un gran daffare, nel corso dell'ultimo anno. Si era dato una raccapezzata, aveva sistemato casa, pulito ogni angolo e pertugio di quella sua dimora dove pareva ci avesse vissuto Nosferatu, in sua assenza. Aveva sistemato gli irrigatori del giardino e quelli erano tornati a funzionare secondo il loro orario prestabilito, e in primavera e estate la gente si fermava sul marciapiede là davanti, ad ammirarne la rigogliosità, attraverso il cancello. Aveva pagato quel che c'era da pagare, che non era poco, tra multe per ritardi eccetera.

La sua psiche restava in bilico, ma lui non lo sapeva, dunque viveva incurante la vita che gli avevano sottratto e restituito senza il minimo preavviso.

Fuori il tempo si ingrigiva e si tingeva di arancio, zucche intagliate facevano da guardia ad ogni porta della via, ragni pendevano un po' da tutti gli angoli, piccole streghe maligne tentavano di fare irruzione in ogni casa, fitte ragnatele di carta coprivano le finestre chiuse, serrate, per tenere il calore all'interno, l'estate aveva tirato le cuoia e si era fatto un bel freddo autunnale. Era il suo secondo ottobre da uomo libero e la notte di Halloween si faceva sempre più vicina, la sua notte preferita. Ricordava di quand'era bambino e i suoi gli impedivano di uscire o travestirsi per fare dolcetto o scherzetto. Ma i mostri c'erano anche se lui non li vedeva, pensava sempre, perciò perché non farlo uscire? Dunque per l'occasione aveva comperato qualche addobbo da mettere fuori, e non vedeva l'ora di sfoggiare i suoi acquisti e dare caramelle e dolciumi ai bambini tutti mascherati e contenti con i sacchetti aperti, gli occhi socchiusi e i volti sdentati rivolti in alto. La festività favorita dai dentisti e dai pazzi omicidi. Jingle di terrore e spente foglie caduche riempivano le strade.

Eppure, in tutto ciò, Miranda non si era minimamente fatta vedere. Aveva promesso che sarebbe tornata, e lui si era impegnato, sistemando la sua vita solo per il suo ritorno, per mostrarle che stava bene! Gli aveva voltato le spalle, forse. Oppure aveva solo altro per la testa. Però, quanto erano pesanti tutti quei mesi di solitudine! Alcuni giorni passava giornate intere senza proferir parola alcuna. A chi si sarebbe dovuto rivolgere? A un amico immaginario, forse. Il suo nuovo, e, tecnicamente, primo lavoro, non gli richiedeva di parlare molto. Lavorava in una libreria in fondo alla via e non c'era molto viavai di clienti, anzi, in certi giorni addirittura nessun cliente, e gli piaceva, nonostante lo trovasse pazzesco. In un momento storico di guerra, fame e povertà nessuno aveva soldi o tempo per comperare libri, solo smania perpetua di parlare e parlare a vanvera e a vanvera. La paga era misera ma quel posto lo aiutava a stare sano, beata routine. Il proprietario era un bonaccione pieno di problemi con la moglie. E quante ne aveva da dire! Francesco lo ascoltava e annuiva, chiedendosi perché avesse tanto tempo da perdere dietro tutte quelle chiacchiere, quando poteva andare semplicemente da lei e sistemare il loro caos personale con due parole. Poco importa, questo è l'amore.

Sentiva che tutto fosse perfetto, sentiva di star vivendo una vita vera e non una vita alle spalle di un altro. Ma ogni volta che toccava una copertina, parlava con un cliente o smicciava le coste dei tomi esposti, gli tornavano alla mente vecchi ricordi non vissuti da lui, echi di un'altra vita, una passata, una trance di ipnosi regressiva nell'atto di consegnare un libro, dare il resto, parlare delle ultime uscite e, soprattutto, criticare le ultime uscite. Eccetera, eccetera.

Inoltre sentiva un vuoto, lo sentiva mentre camminava nella strada per giungere a lavoro, o mentre passava ore e ore seduto sul suo sgabello in libreria a guardare fisso il nulla, dopo che aveva divorato l'ennesimo libro, l'ennesima poesia. Si trovava a domandarsi di Giulia, non la vedeva da molti anni e non desiderava altro, voleva parlare dei tempi andati e della vita e di cose di cui si parla sempre in questi casi. Iulei gli aveva rubato anche quello, anche il primo incontro con lei.

Il campanello alla porta trillò. Un cliente, Francesco non lo vide entrare, dunque continuò la propria lettura, rapito da Baudelaire. Le ventole sul soffitto erano immobili, il silenzio riempiva la distanza tra lui e il nuovo venuto. Le casse agli angoli del soffitto non emettevano alcun suono, Francesco aveva staccato la radio tempo addietro, le baggianate che aveva sentito fuoriuscire da lì gli avevano dato sui nervi e preferiva non rischiare ancora. Una frase che disse suo padre, anni prima, mentre ascoltava una stazione a caso, gli balenava sovente alla mente: "questi studiano pure, per dire tutte 'ste idiozie." Ora capiva anche lui la qualità delle idiozie che propinavano senza stop. L'urletto squillante di un bambino infranse il silenzio. Francesco posò davanti a sé il libro e alzò lo sguardo. Quasi lo sgabello lo ingannò, rischiando di scivolargli via da sotto il sedere, quando vide chi gli si era piazzato innanzi.

«Ciao.» disse, sgranando gli occhi. Giulia?, pensò.

«Non ci credo. Lavori qui?!»

Sì, era Giulia. «Sì, ma è tuo figlio?» rispose, indicando il pargolo tutto penzolante tra le sue braccia.

«Posso abbracciarti?» lo incalzò, ignorando chissà il perché la domanda.

Francesco ci pensò un secondo di troppo, poi si alzò e fece il giro del bancone. Giulia posò il pargolo sul ripiano della cassa e lasciò che guardasse l'abbraccio più vero che avrebbe mai più visto. Un attimo dopo le mani di lei erano sulle guance dell'amico, di modo da poterlo vedere ancora meglio, come per accertarsi che stesse bene e fosse tutto d'un pezzo. Lo era, stava bene.

«Mi sembra di star toccando un fantasma.» fece lei.

E così via, si aggiornarono sul vissuto e sul non vissuto, su come stesse Miranda e cosa facesse Ettore. Tutto pareva perfetto, impossibile da credere. Ok, Francesco sentiva ancora di provare qualcosa per lei, ma non poteva farci nulla, aveva un figlio con Ettore e il sentimento non era minimamente ricambiato. Doveva farsene una ragione, addio, Giulia. All'amor non si comanda, ma serve capire quando si è di troppo.

«Un'uscita a quattro, insieme a tua sorella e Ettore non sarebbe male, in memoria dei vecchi tempi!» fece. «Potremmo anche invitare tutti gli altri. Arturo mi ha detto di esser diventato uno scrittore, se tutto va bene qua in mezzo ci sono pure i suoi libri.» così dicendo indicò le librerie in legno che ricoprivano le pareti color dell'autunno. «Magari scoprite di aver molto di cui parlare. Cercherò il modo di contattarlo, poi risalirò a tutti gli altri. Ti va?»

«Non mi pare una cattiva idea.» la reputava una pessima idea, in realtà. Incontrare i suoi amici d'infanzia gli faceva provare una paura incondizionata che non riusciva a controllare. Pensare di vedere come tutti fossero cambiati, sentirli mentre parlavano della loro vita e di cosa avessero fatto in quegli anni. E lui già si vedeva, muto e pensoso, a riflettere su come recuperare la memoria, il vissuto andato perduto, mentre schivava le domande, fingeva.

«Lui comunque è *Iulei*.»

Francesco ebbe un sobbalzo. «Cosa?» disse, con voce tremante.

«Mio figlio, ha un anno e...»

La interruppe. «Come hai detto che si chiama?»

«Ho detto Leo, è un soprannome, il nome completo è Leonardo. Ma tutto bene?»

«Sì, sì avevo capito male... è bellissimo, comunque.»

Leo sorrise. «Ti ringrazia.» disse la madre. Poi riprese: «noi ora andiamo, che dobbiamo cenare, e questo piccolino quando non mangia è capace di diventare incontenibile.»

«Volevate prendere qualcosa? Un libro o altro?»

«No, no. Stavamo solo dando un'occhiata ai libri da colorare, ma li prenderemo un'altra volta.»

«Ce n'è uno in particolare che gli piace?» chiese, speranzoso.

Il piccolo indicò un libro lì vicino. Francesco lo prese e glielo reagalò, come dono di buon auspicio.

Giulia ringraziò e filarono via, lasciando in libraio da solo con i suoi pensieri, mentre con la mano in tasca girava e rigirava una lettera presa dalla buchetta quella stessa mattina, prima di recarsi a lavoro.

Si alzò, smicciò gli scaffali, volle cercare i libri di Arturo, andò direttamente tra i gialli, erano tantissimi. Tra un Agatha Christie, un James Ellroy e un Arthur C. Doyle scorse i libri del suo amico. Ne prese uno in mano e se lo piazzò al registratore di cassa, promettendosi di leggerlo il prima possibile. In prima pagina una dedica ai suoi cari.

«L'amore, ragazzo, l'amore.»

«Mh? Era solo un'amica.»

«Si capiva da come la guardavi. Tu l'ami. Ma caro mio, lei ama un altro e ha una vita con lui.»

«Mi sembrava anche evidente.» rispose Francesco, senza aver modo di scorgere il proprio interlocutore, nascosto tra i libri.

«Sei sveglio, Fra'.»

«Fra'? Ci conosciamo?»

Non ricevette risposta alcuna, il campanello alla porta trillò e le voci cessarono. Era di nuovo solo.

Probabilmente quello sarebbe stato l'ultimo cliente. Misterioso e inquietante, ma più nessuno l'avrebbe disturbato. Due clienti in una giornata erano anche tanti. Be', ancora poco e avrebbe chiuso. Le campane squillarono e Francesco le sentì solo debolmente e ovattate, trovandosi dal capo opposto del viale. Andò alla finestra e guardò fuori, una mano in tasca, con l'altra scostava le veneziane. Nel frattempo pensava a Giulia, l'amore della sua vita. Il suo unico amore, tecnicamente, o quello di cui avesse anche solo lontanamente memoria. Ella, alla fine, aveva finito per amare un altro e non lui. Cercava di non pensarci, ma non era facile. Ricordò di quando si promisero l'eternità, piccoli piccoli e nascosti tra i rami di un fitto cespuglio di alloro, davanti a loro il verde prato infinito di una giovane e prospera vita tutta da vivere. Un muro si era piazzato a dividere il prato, il muro della memoria.

D'improvviso gli venne voglia di fumare una sigaretta, come fece al cimitero l'anno prima, davanti a suo padre. Pensò se comprarle o meno.

Una voce gli diceva di farlo.

La libreria era situata vicino al mare, amato mare, fossi corpo ti bramerei, e sovente Francesco, chiuso tutto a lavoro, si perdeva in infinite passeggiate a piedi nudi, nella quiete di quelle onde, nell'impeto con cui sbattevano sulla battigia, con il sole che di giorno in giorno calava più celere e più celere verso la linea all'orizzonte che divideva il cielo e il mare, lasciando al suo passaggio gli urli dei bambini giocosi, i pranzi sui teli delle famiglie sotto il sole, abbronzate e scottate, castelli di sabbia e conchiglie raccolte in una sportina del supermercato, da parte di chi le collezionava. Metal detector imbracciati da avidi uomini raccoglievano il perduto. Sabbia ai calcagni, la calciava spensierato, qualche cane più in là correva e giocava con una pallina tutta sabbia e acqua salata in bocca, fili di bava pendevano dalle gengive rosse.

Aveva chiuso, comprato un pacchetto di sigarette e ora camminava in spiaggia, come faceva di solito. Tra le mani girava e rigirava la lettera stropicciata a causa del continuo ravanare di quel pomeriggio.

Ciao, sono scomparsa senza dirti nulla, dopo le promesse, le parole. Scusa.

Grafia frettolosa, strascicata e sconfusionata, le prime lettere più leggibili e definite di quelle dopo. -Parole-, cosa sono le parole se non semplice rumore che si perde nell'aria? -Promesse-, scritto con molto impeto, cancellato, riscritto. In quel punto il foglio era quasi bucato.

Spero tu stia bene, perché io bene non ci sto. E da molto tempo, ormai.

Amara verità, difficile da buttar giù. Stai bene e intanto le persone attorno a te soffrono, e tu non sei in grado di far qualcosa.

Non è stato un anno facile, non ho fatto altro che pensare a queste parole, a quando te le avrei scritte, e se avessi trovato il coraggio di farlo.

La brezza marina gli spostava i capelli, oscurando i suoi occhi durante la lettura, sovente dovette scostarli per vederci meglio.

Non so come dirtelo, alcune volte è dura solo pensarle certe cose, immagina esternarle! Non tenerti mai nulla dentro, Franci, il male ti logora dall'interno, come un veleno, DEVI buttarlo fuori.

Esattamente come stava facendo lei in quel momento. Quando erano bambini glielo ricordava sempre, di tirar fuori il male. Altrimenti, diceva, quello ti fa schiavo e non ne esci più. Stava vivendo avvolta dal male, di nuovo? Suo padre era morto, l'aveva visto, aveva visto la foto, la lapide.

Scusa le lacrime, so che non puoi vederle, ma puoi sentirle con le dita, tutte quelle piccole chiazze sbiadite là dove il foglio si arriccia e l'inchiostro si confonde, dove le parole si mescolano nell'impeto della mia tremante mano! Eppure sorrido, sappi che non smetterò mai di farlo, fin quando saprò di avere il tuo appoggio, fin quando saprò di averti vicino.

Se le sue lacrime fossero state acqua di Talete, allora avrebbe potuto, egli, accettarle. Ma non poteva, non quel genere di lacrime. Francesco interruppe il cammino, la giacca svolazzava cullata dal vento autunnale. Stava per

giungere al punto di non ritorno, la verità era lì, a qualche passo, oltre il flebile muro di sabbia che il vento tirava su, oltre quel velo così facilmente trascurabile eppure così crudelmente invalicabile. Doveva solo proseguire la lettura, e allora avrebbe avuto tutte le risposte. Il principio di tutto, così come di un trauma, parte dall'acqua e dalle umide lacrime di chi ci vuole bene.
Dalle lacrime di Miranda.

Massimo. Ti ho già detto moltissimo di lui, nelle vecchie lettere, quelle che non hai mai letto. A voce, sì, te ne ho parlato, ma non ti ho detto tutto.

Le vecchie lettere. Dannata sia la memoria! Di quelle lettere egli non aveva quasi alcun ricordo, se non che le stava calciando via, ma non ricordava minimamente il perché o il quando.
Ero davvero io che le calciavo?, si domandava, disperso in quei ricordi non suoi.
Aveva perduto tutti quegli anni in un vuoto profondo e apparentemente infinito. Sapeva che prima o poi avrebbe dovuto affrontare le conseguenze di quei vuoti, e il momento era giunto, ora doveva reggere l'urto e dimostrarsi refrattario nei confronti delle batoste che solo questo mondo è in grado di infierire.

Lo conobbi tanto tempo fa, quando io e te venimmo trasferiti in due comunità diverse, dopo che denunciammo nostro padre. Non sapevo dove tu fossi, eravamo così distanti! Avevo bisogno di qualcuno con cui parlare, così mi legai a lui, Massimo, uno dei tutori.

Abbandonò completamente il proprio peso sulla sabbia sottostante. Allungò le gambe e incurvò la schiena, perdendosi completamente sulla lettera. Non era facile leggere, sua sorella stava male, si capiva, e temeva di scoprire il male che presto sarebbe venuto a galla. La sabbia gli vorticava tutta attorno. C'era dentro, non poteva più uscire. Una sigaretta accesa poco prima gli penzolava tra le labbra, il fumo gli finiva sugli occhi ma quasi non se ne accorgeva, la lettera l'aveva rapito, quelle parole parevano scogli contro i quali si scontrava con violenza ogni volta che proseguiva la lettura.

Da quel momento in poi, il declino. Non starò qui ad elencarti tutto, non in una lettera, almeno. Non ti dirò con precisione gli abusi, le volte in cui mi picchiava, perché non facevo come voleva lui. Ora son cresciuta e comunque non ho la forza di reagire, capisci? Ti scrivo per trovare la forza, non per chiederti aiuto, non è il tuo aiuto che voglio. E non voglio farti pena. Forse neanche la leggerai questa lettera, e se così fosse sarebbe anche un bene, ci resterei davvero male se ti trovassi ad essere in pensiero per me, ci sono già io che soffro per entrambi. Ora sai la verità, sai perché sono scomparsa per tutti questi anni e del perché non mi faccio vedere dall'anno scorso. Perdonami.

A presto. Verrò a trovarti, giuro. Prenditi cura di te, io ho smesso di farlo con me.

Per sempre tua, Miranda.

Il ritorno

Finì la paglia e ne accese un'altra. Marlboro, grazie a dio esisti. Guardò la vastità del mare ed ebbe paura. Sentiva di dover fare qualcosa, ma aveva paura. Guardò l'indirizzo di consegna della lettera e se lo segnò sul braccio. La piegò e la mise in tasca, poi la tirò fuori, la rilesse, la tastò.

Era vera, o se la stava immaginando? La appallottolò e la infilò di nuovo in tasca.

Temeva che se fosse intervenuto sarebbe nuovamente caduto nei vuoti di memoria, e chissà cos'avrebbe combinato, egli, così incosciente di sé, delle proprie azioni, delle proprie risposte agli inconvenienti della vita, davanti ad una vicenda del genere, davanti a tanto dolore che sua sorella stava sopportando e dal quale probabilmente non riusciva più ad uscire. Chi è che diventiamo, una volta messi davanti al pericolo? Cambiamo davanti ad ogni circostanza. Mille volti e non conoscerne nessuno.

Prese il treno e lasciò la propria via per immettersi in un'altra, e volò a casa di Miranda.

«Cosa fai qui?» era in ciabatte e canottiera lunga. Braccia e gambe scoperte. Graffi, lividi. Fu difficile per lui guardarla senza disperarsi.

«Sono qui per la lettera, per ciò che hai scritto.»

«L'hai letta?»

«Sì.»

«Allora dovresti aver capito che non è un tuo aiuto che voglio, non ne ho bisogno, vattene via.»

Sentì qualcosa, dentro di sé, all'altezza dello stomaco, nelle viscere, qualcosa di pesante, un macigno, una zavorra, forse, cadere a terra, abbandonarlo completamente, le gambe gli tremarono. Le parole non gli uscivano più di bocca.

«Va' via, prima che si accorga che sei qui.» riprese lei, placida.

«Ma sarà, questo, il modo in cui devi vivere?» ripose lui, deluso, con le lacrime agli occhi.

«Non puoi capire. Se me ne andassi, se lo denunciassi, comunque, dopo di lui, verrebbe qualcun altro e poi un altro ancora. Certe cose non puoi controllarle, ok? Scusa per la lettera, ogni tanto ho bisogno di scriverle certe cose, ma non ho certo bisogno di un aiuto, è questo ciò che voglio, questa vita mi fa sentire bene.»

«No, non è così che deve andare! Ho incontrato Giulia, dice che vuole riallacciare i rapporti con tutti, vuole che venga anche tu, puoi ricominciare a vivere!»

«Decido io la mia vita, e lui mi fa sentire viva. Torna a casa…. com'è che ti piaceva farti chiamare da bambino? Ah sì, *Iulei*. Torna a casa, Iulei. Fa' sapere a Giulia che sto bene.» e chiuse la porta con chiave e chiavistello.

Si sentì una voce gutturale e tonica urlare: «chi era?»

Risposta: «un tizio che voleva vendere una roba!»

La casa si ammutolì.

Francesco prese il treno e sfrecciò verso la propria via, lasciando sua sorella, voltandole le spalle. Stava agendo bene? Avrebbe dovuto fare altro? Forse impazzire, come in un fottutissimo film, comperare una pistola e fare irruzione a gamba tesa in casa, sparare qualche colpo per aria e portare in salvo sua sorella. E poi? Poi la vendetta, il cattivo li avrebbe cercati. Serviva una macchina, per l'inseguimento, serve sempre un inseguimento tutto polvere ed esplosioni, in questi casi. Qualcuno si sarebbe cappottato in auto e poi si sarebbero fermati in mezzo alla strada, la pioggia avrebbe invaso le strade vuote e prive di ulteriori mezzi automobilistici. Poi via, l'uno contro uno che tutti aspettavano, la resa dei conti: entrambi si sarebbero venuti incontro, uno da parte e uno dall'altra, avrebbero tirato fuori le bastarde e si sarebbero puntati a distanza la canna, dritto l'uno nel cuore dell'altro. L'indice sul grilletto, le giacche fradice, buio tutto intorno, solo la luce dei fanali delle loro macchine avrebbe illuminato la scena. Nessuno dei due si decide, l'attesa sembra durare ore. Chi avrebbe sparato per primo?

BAM, BAM.

Pistole fumanti, entrambi soddisfatti, entrambi vivi. Accasciato a terra il corpo di Miranda, che si sarebbe messa in mezzo per fermare i due. Un fiume di sangue rosso vivo si sarebbe confuso con la pioggia, riempiendo la strada. Uno dei due si sarebbe inginocchiato davanti al corpo e avrebbe urlato e pianto, e l'altro sarebbe rimasto in piedi, pietrificato davanti a ciò che avevano combinato, così accecati dalla tanto mascolina vendetta.

Infine eccolo lì, l'emblema di una vita di soprusi, la donna governata costantemente dalla cruda mano dell'uomo, stesa a terra e sanguinante per mano dei due grandi uomini che tanto promettevano di amarla.

Fine, applausi, chiuso il sipario.

No, non sarebbe andata in questo modo.

Giunse sulla propria via che era notte fonda, non c'era un'anima per strada, se non qualche barbone che dormiva tra gli spasmi di freddo e qualche ubriaco malato d'amore e di soldi che urlava all'impazzata, cercando attenzioni che non avrebbe mai ricevuto.

La via era mutata, si era travestita per la festività. Anch'ella cambiava volto, anch'ella era tanti e nessuno: si mascherava e snaturava, in base al periodo dell'anno! Voltagabbana, sembra ami solo te e poi guarda quanti ne accoglie. Ma anche quella via, come tutte le vie, aveva un inizio e una fine.

Giunse davanti al proprio cancello, varcò il bel giardinetto tutto curato ed entrò in casa. Non accese luci, non andò a letto e neppure sulla poltrona, obbligò le proprie gambe e i propri piedi a strisciare fino al quadro di famiglia e quivi si stese in posizione fetale, sotto gli occhi crudeli di suo padre, sotto lo sguardo eternamente triste di sua madre. Li guardava, con le lacrime agli occhi, e piano piano i volti iniziavano a confondersi: uno pareva l'altro e nessuno aveva più una forma definita, non un tratto li distingueva l'uno dall'altro, erano divenuti un caos innaturale.

Quello era l'unico modo che aveva per non soffrire: non vedere alcun volto, non vedere la celata sofferenza che solo uno sguardo triste o un tic delle labbra erano in grado di mostrare al mondo. Non vedere il volto che la gente mostra agli altri, quello che non sono in grado di nascondere o controllare e che non hanno mai realmente visto. Questo il suo doppio l'aveva intuito, dunque cercò ancora una volta di proteggerlo, creando tale caos.

Lentamente iniziò ad addormentarsi, e cercò di indurre la mente a sognare di quando era bambino e tutto andava ancora bene. Prima di scoprire la sofferenza di sua sorella e prima della partenza di Giulia. Cercò quella stanza, quella dove ancora sfrecciava con gli amici sul sentiero, per l'eternità, verso mete ignote, allontanandosi sempre di più, ad ogni metro percorso, dal futuro tanto crudele. Cercò l'annullamento più totale, perso com'era tra i suoi pochi ricordi che ancora custodiva, anelando ad un riparo da tutto quanto lo circondasse.

Vagando ancora e ancora nei meandri della propria mente, trovò una porta. La esaminò, non sapendo bene cosa fare, poi posò la mano sulla maniglia e l'aprì. Guardò dentro, sorrise, si chiuse la porta alle spalle a doppia mandata, e si abbandonò per sempre là dentro.

La fine

Il suo corpo, governato dai più, non era in quella stanza, no, era in spiaggia, davanti alla duna di sabbia, una muraglia alta e imperiosa, ai suoi occhi. Il buio della notte confondeva la vista. Andò verso quella muraglia, con l'intento di oltrepassarla, come fosse egli, solo ed unico, un intero esercito contro una fortezza apparentemente inespugnabile.

Vi affondò un piede sopra, la sabbia si mosse, sgretolandosi, creando una frana attorno alla fossa creata dal suo peso. Affondò anche l'altro piede, poco più in alto, e così via, in quattro balzi fu su.

Guardò il mare dall'alto piano della duna: un buco nero che l'attirava senza lasciargli via di fuga. La luna riflessa sulla superficie dell'acqua ondeggiava, immensa luna, irradiando di luce riflessa l'immensità del mare oltre l'orizzonte senza fine.

Le onde pareva volessero raggiungerla, tanto in alto si innalzavano. Il viandante volse lo sguardo attorno a sé: il nulla, solo sabbia e scogli. Alle sue spalle la civiltà con i problemi, la gente, le tasse. La guerra.

Davanti a sé l'infinito.

Scese dalla duna incespicando, rischiando di ruzzolar giù e inzaccherarsi completamente. Annusò l'aria, l'odore del mare, la tranquillità. Ascoltò le onde che riempivano il silenzio e si lasciò invadere da esse. Possenti e schiumanti onde che, dopo aver raggiunto con impeto funesto la battigia, si ritiravano timidamente, per poi tornare più forte di prima, là sullo stesso punto, come in un amplesso tra due corpi nudi che s'amano e capiscono.

Egli volle rendersi partecipe, non poteva farne a meno! Volle far parte di tale amplesso, non voleva esser messo in disparte, no, non questa volta! Non era più uno spettatore.

Andò dunque verso il mare e vi immerse le caviglie. Ne percepì il freddo, che accolse con un fremito nelle ossa. Ignorò quella sensazione di spossamento iniziale e continuò a camminare e camminare, e anche quando l'acqua gli giunse ai fianchi egli continuò. Mentre, dietro di sé, tutti erano impazziti, dinanzi alla fine e alla morte che era infine giunta: gli aerei e i caccia tagliavano il cielo celeri come fulmini e letali come tornadi, coraggiosi paracadutisti volavano su nel cielo come gabbiani e urlavano con lo stesso tenore. Suoni d'armi da fuoco, esplosioni illuminavano la spiaggia e il mare. Egli li ignorò, erano impazziti, guerra, fame, carestia e morte! I quattro cavalieri erano giunti, ed erano intenzionati a dare il meglio di loro. Era la fine. Salutò la sua via, unica costante che fosse stata in grado di collegare le mille parti di sé stesso, e che, comunque, l'aveva tradito, come tutti gli altri. Che aveva mentito e gli aveva voltato le spalle, procurandogli solo dolore, come avevano fatto tutti.

Chi era, dunque? Iulei, l'edicolante, il libraio, lo spettro di sé stesso o Francesco? Forse era tutti, in quel momento!

Ma che importanza aveva? Era la fine, nulla più lo tratteneva in vita. Chiunque egli fosse, chiunque si fingesse o volesse apparire d'essere, ormai, non aveva più valore alcuno, dinanzi alla catastrofe, alla rovina, della guerra.

Proseguì, piedi di piombo, fino a scomparire completamente tra le onde, coraggioso palombaro dell'anima. Riemerse poco dopo, a faccia in giù, come addormentato tra le onde. L'abbracciava, il mare! Si erano fusi, erano divenuti un tutt'uno. Profondità incalcolabili e tenebrose, nascondevano dentro di loro, così simili e vasti.

Ancora non ti hanno scoperto tutto, mare!

Ancora non ti hanno scoperto tutto, uomo.

L'acqua, l'elemento primo, colei che tanto custodisce dentro i propri abissi insondabili e da cui tanto è nato, si impossessò avidamente del nuovo venuto, entrandogli dentro la bocca, fino a giungere ai polmoni.

Il corpo cessò di muoversi.

La volta celeste brulicava di luci.

Le esplosioni, i lampi, gli allarmi, gli urli, le sirene che impazzarono ovunque e all'unisono.

Un respiro.

Indice

Quella Via

L'edicolante

- 5 La casa romita
- 22 Dal rintocco d'argento a quello di ferro
- 44 Corrispondenze

Lo spettro di sé stesso

- 67 Note di vita, via nella notte
- 85 Lungo la via, lattea la dea
- 104 Vita animale, al circo in fondo alla via

Prosopagnosia

- 127 Chi sei?
- 138 Chi sono?
- 163 Ciò che siamo

L'archè

- 181 La nuova vita
- 193 Il ritorno
- 199 La fine

Printed by Amazon Italia Logistica S.r.l.
Torrazza Piemonte (TO), Italy